双升高手秘籍

韩 珺 苏 兮 著

北京日报出版社

前言

韩　珺

我从小喜欢打牌，对所有的牌类游戏都无比热衷。2011年无意中发现了北京电视台的《节节高升》栏目，开始对双升产生了极大的兴趣，从此后我开始了不间断的学习和比赛生涯。

2012年的7月我第一次打进赛季决赛，在冠亚军的争夺赛中由于心理状态发挥失常，与冠军失之交臂。但从那一刻起我真正爱上了比赛，爱上了那个带转角的赛台，我默默发誓我会捧起冠军的奖杯。

以后的工作之余我每天都会打上百副牌进行训练，由《节节高升》的解说徐峥进行专业辅导，还成立了专门的训练小组。功夫不负有心人，同年11月在北京地坛体育馆举办的双升全国锦标赛中，我和搭档吴淼一举夺得女双冠军，成为双升有史以来的第一对女子全国冠军。

成绩是艰辛努力的鉴证，打双升也成了我人生的风向标，占据了我所有的业余时间，比赛跃居为我人生必不可少的一部分。回顾几年来的比赛生涯，在全国锦标赛总决赛中获得了三枚金牌，一银一铜，一个分赛区冠军。2013 年到 2014 年北京电视台《节节高升》总共 15 个赛季，我在自己参加的 8 个赛季中取得了一个年终总冠军，一个年终总亚军，5 个赛季冠军，41 颗擂台战星，这个成绩前无古人，且由于栏目的结束也将后无来者。我非常感谢教会我什么是双升以及一系列行牌技巧的启蒙老师徐峥，没有他的辛苦付出就没有我后期的所有成就；感谢我的搭档和老师刘成，没有他我不知道什么是控制和失控，我的所有成绩与他密不可分；感谢我的搭档苏兮，我的每一次重要比赛他都给予了很多的鼓励和支持，使我在情绪出现波动时能顽强地坚持下去；感谢吴淼，第一届全国锦标赛中，我们并肩作战，在先失两轮的情况下，齐心协力实现反超，那伴着欢笑与泪水的一刻，我永远不能忘怀。感谢我曾经的冠军搭档：吴淼、刘成、苏兮、李涛、张宇，感谢我的冠军队友许文勇、于贵新、徐峥、杨宁、芦秀文、金巍、代智。同时我也非常感谢我的工作团队，没有他们的鼎力支持和不断的加油鼓励，我很难取得这些成绩。

取得了这么多成绩，很多牌友认为我已经成为大师，在很多比赛的过程中，我也觉得自己就是大师，可当我坐下来静静地看自己的行牌录像时，就会突然想起那句话“路漫漫其修远兮”，可见双升的底蕴多么深厚。我希望看到这本书会有更多的人喜欢双升，也希望那些已经有了一些基础的牌手真正迈向自己的大师之路。

目　录

第1章

序幕

有人说，双升顾名思义就是两副牌的升级。这没有错，但只是个很浅显的解释，仅仅为了跟原始的一副牌升级划一条分界线。我诠释的概念引申为：它不仅以两副牌为道具，还以两个搭档为对家，同时又以两个边家为对手，三个 2 汇成一个“双”。

1.1 起源之说

对于双升的起源，众说纷纭。有的认为校园为先锋，有的认为军队是始发，还有的认为机关团体、工厂车间是根源等等，由此可见其流行的广泛和普及。特别是随着国家体育总局制定的《中国升级竞赛规则》正式出台，使该项大众的娱乐活动终于成为社会体育活动的正式比赛项目之一。

双升的规则和术语在很多专业书籍中都有相当详细的论述和讲解，为避免广大读者阅读时产生千篇一律的困扰，本书就此略过。我们把篇幅用来阐述更为深刻和先进的双升理论，走一条不平凡的大师之路。

1.2 百家争鸣

双升多种起源的传说虽然不能给我们发源地的正确指引，

却能非常清晰地推断出这项运动早已畅行于全国各地的各行各业之间，深受众人所爱。大型游戏平台更是把双升作为主项，引无数牌手各显神通。不同的地区和不同的平台分成若干派别，真所谓百家争鸣、百花齐放。对于地域性派别这种横向分类，多数情况局限在信号甄别和选手风格上，我们不做过多的研究，本书所要研究的是双升的纵向分类，即由浅入深、由初级到高级不同程度的分类。

看到这，很多读者会认为把打牌说得像哲学研究，还横向纵向的是不是有点哗众取宠呀？大家一定要注意前提，我们的前提是要做大师，不哗众何以为师，做了大师众人之宠又何须去取呢？

书归正传，根据牌手的认知程度以及个人技能，双升可以分为娱乐双升、信号双升、后控双升和智控双升。

一、娱乐双升

“王者，人生奋斗之尊，昂首雄踞天下，乃平民终成快事也。慨日常无此机会，今拥双升娱乐小器，无用太多投入，又实现梦想，岂不乐哉！”这段话是洛阳双升王大赛的宗旨。气势如虹的“双升王”大赛，都以娱乐为宗旨，何况街头巷尾、公园长椅。

以娱乐为主的双升，技术上微不足道，你砍我杀，喊声、骂声响成一片，没有王牌也敢在底牌下上几十分；首攻不用研究，大牌必先出尽，最后结果都是听天由命，只图一乐。从太阳初升到日落西山，一天的时光换成笑声也是一种人生乐事。

二、信号双升

信号是运载消息的工具，也是消息的载体。古代人利用点燃烽火台而产生的滚滚狼烟，向远方军队传递敌人入侵的消息；现今看到K线拐点，就会影射筑底反弹的利好……不同的竞技有着不同的信号模式。广大的双升爱好者也发明了信号牌这一能传递信息的工具。

信号双升指的是在打牌过程中使用信号牌张的双升打法。其优势在于根据牌张信号可以最大程度了解搭档的大牌分布，准确利用桥梁传递信息，从而获取更大的利益。其弊端在于，信号缺陷带来的损失无法人为弥补。

三、后控双升

后控指的是后期控制。后控双升就是指在前期行牌过程中用小牌张作为敲门砖，大牌用作后期控制牌局。后控双升的优势是在整体局势不明朗时不会过度浪费牌权；弊端则是往往会丧失先手时机，某些牌型在前期就注定败局。

四、智控双升

智控指的是智力控制。智控双升是指根据实际牌型客观分析，集前三种双升模式于一体，取其精华，去其糟粕。智控双升既克服了唯信号论的僵化，又不会丧失后控的先机，让整体牌局从始至终落入自己的掌控之中。充分体现寓娱乐于竞技的双升宗旨。

看到这，是不是有人认为智控双升这种打法是完美的天方夜谭呢？大家细想其实并无荒谬之处。108 张牌组合万千，如果每种组合都是一个思路，打牌岂不是就成了一个模板，框量之外的也就只有失败了。灵活运用章法，根据牌型制定策略，灵性与技术相结合才能真正体会双升的精妙所在。

而智控双升就是本书的精髓。

下面我们用同一牌例解读一下四种双升打法的不同之处。

牌例方位遵循上北、下南、左西、右东。

牌例 1-1

底牌：；亮主信息：本局打 7，庄家双亮方片 7。

分析：这是一副坐庄的手牌，下面我们分析一下四种双升打法的不同思路。

娱乐双升：首先底牌一定会与现有的方式不同，喜欢娱乐的牌手都会对子优先，所以会用梅花 J 和 8 换回红桃一对 6。首攻黑桃 A 后会按大到小地把所有对子出去，直到被管上。更有甚者可能会把分下到底牌里去，去拼搭档有个大王。

信号双升：底牌与现有的应该可以统一。首攻也是黑桃 A，但不是为了跑分，而是为了找信号，找到信号，小牌送给搭档，找不到就会调主寻求帮助，简单直接。

后控双升：后控的选手大多比较自信，这样的牌型很可能下分，红桃 K、5 换回对 6，黑桃 10、5 换回梅花 4、3。首攻会是一对红桃 6 用来清除红桃中的对子，然后再次进手就会清调主牌，等着别人动副，争取梅花长套保底。这种打法对帮庄要求严格，应该从首攻就能看出庄家的意图，如果全不知情，用大王进手甩了两个拖拉机，就真是万劫不复了。

智控双升：底牌会把一对黑桃 8 下底，拿起梅花两张，一是保留梅花长套完整，二是争取在同伴的黑桃对子中把黑桃手分跑掉。首攻一定是主牌，黑桃 A 是万不可去找信号的，因为如果找不到就会整门失控，在对方甩牌的情况下，手分偏多，连贴牌都会出现困难。这个牌型调主脱手把自己置于被动地位能更好地智控全局。

1.3 智控双升

上一节我们讲述了智控双升的概念，这一节我们来讲智控双升所必需的前提。

一、智者

世上有智者也有愚者，两者的分别不在于学问的多少，而在于智者通权达变，愚者刚愎自用。大家都知道，牌是活的，所以打牌的人也必须是灵活的，只有懂得变通的人才是双升中的智者。

二、控制能力

控制说起来容易，做起来会非常困难。我有个朋友是双升大师级选手，擅长后控打法，思路敏捷，完全是一位智者。他有一句至理名言：要想真正做到控制，就必须先做好失控的准备。这句话我深刻地铭记在心中，成为我双升路上的至理名言。

所谓“智者千虑，必有一失。”只有做好了失控的准备，才会对特殊情况有所防备。

1. 控全局

全局操控是最重要的，也是难度最大的。这需要牌手在拿到手牌的初期就有一个初步想法，对主牌和副牌的控制拟定相应的规划，然后一步一步地根据实际情况慢慢修正、调整，以达到最终的完美收官。

2. 控时机

时机从词汇解释上就能看出其危急与重要性，它只是一个瞬间，而且失不再来。经常牌手的痛悔不是没有好牌，也不是配合失误，而是在出现赢牌时机时没有把握。一失足成千古恨，我觉得用来形容双升中的错失良机再合适不过了。

3. 控分

分是双升这个游戏的根本，台上方逃分，台下方挣分，所以 200 分的控制尤为重要。要控分记分就是前提，把每门花色的分数全部记住才可以真正地控好，否则控分就是空谈。

记住了，还要判断分布，根据各个时期的行牌判断分牌位置也是必不可少的关键。

4. 控底

控底一般指底牌有分时的控制。争底大战虽然精彩在于尾盘，但如果开盘和中盘时不做准备，想拿到底牌也不是件容易的事。就像踢足球，如果在前 90 分钟已经注定了劣势，根本就没有加时的机会。

我们用一副牌例来讲述这四个不同的控制。

牌例 1-2（南家为庄）

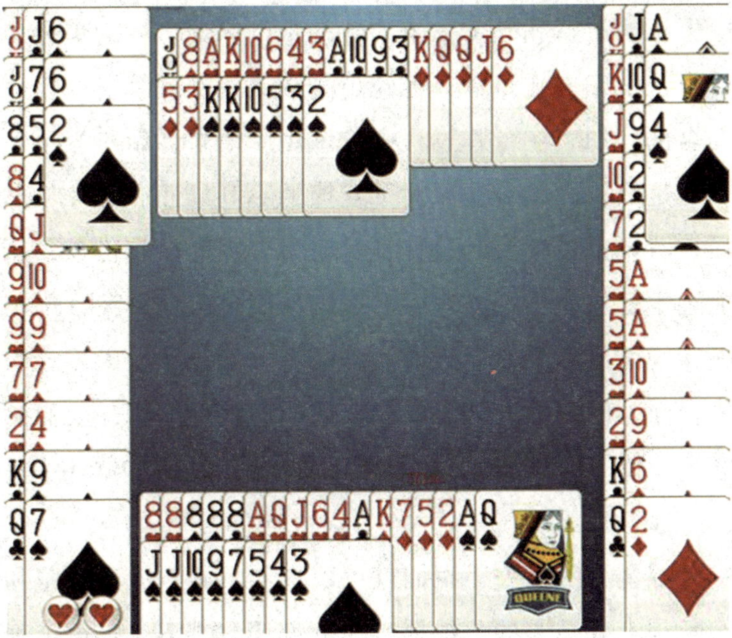

底牌：；亮主信息：本局打 8，庄家双亮红桃 8。

分析：控全局、控时机、控分、控底，这四种控制是分不同时期的，开局的时候我们不可能就直接控底，一定要先从全局分析，中盘的时候控好时机，尾盘控底，而分是一直贯穿始终的。讲述控制的时候我们只能假设一个方位，因为坐庄比较有代表性，所以我们就用一个庄家的牌来进行说明。

这副牌庄家属于中等牌型，梅花 5 下底是想控制这门花色的其他分数。首攻梅花 A 后不能动黑桃，应该调主脱手，探一下王的位置和寻求一下同伴的帮助来活方片的单分，最终以黑桃甩牌方式挤兑其他花色分数或控制底牌。这应该是开局全部计划。在行牌过程中应该用牌语告诉帮庄，手牌中的长套是黑桃，以免造成对子互撞的不利局面。方片单分出逃后，清调单主，控制最佳发套时机，因为没有王控，所以不能过于奢求完美，虽净手后甩牌保底是最佳方案，但也不能一味顽固最后受制于人。底牌的 5 分不能顾忌太多，时刻关注台面上的分数，如果受控于底，而缩手缩脚，反而扩大了底牌分数的价值，使全局起了反向作用，还不如留在手里，伺机出逃。

有了全局的计划，我们就可以逐步实施，关注牌张和清晰判断是十分必要的，根据实际行牌调整方案也是每个牌手的必备素质。

三、功力

双升最基础的功力就是记牌，这也是作为智控打法必不可少的一项。之所以最后讲，是因为有时候扎实的功底可以掩盖一些变通的敏捷以及控制弱势。

我的搭档是登山运动员,高山缺氧损坏了他的瞬间记忆。后期从事律师工作也使他性格略显教条，变通力不够。然而对双升的热爱让他用很顽强的毅力练习记牌的基本功。手机上下载单机版的拖拉机软件，公交车上、饭后休息都是他记牌的时间，直到108张牌能大部分记住，记忆幅度让我惊羡不已。他成功了，在多次大型比赛中我们联手站上了最高领奖台。他用不懈的努力和超人的坚韧成就了自己的大师之路，成为了许多人心中的楷模。

记牌很难，因为记牌把娱乐活动变成了一项高水平智力活动。牌手不再能任性、不再能随心所欲，一切决策都要基于对之前所有行牌的高度集中注意力的记忆而作出的缜密判断。但是只要用心，每个人都可以通过训练逐步提高记牌水平并大幅度提高牌技。

能记住自己手中的牌，也能记住出过的牌，那么通过判断分析搭档与对手的牌，牌的方位大致就可以明了。看着四明手打牌，敏感度稍微弱一点，控制力稍微差一点重要吗？答案可想而知。但需要强调的是仅仅“差一点”，而不是没有。

牌例 1-3（北家为庄）

底牌：；亮主信息：本局打 Q，庄家双亮梅花 Q。

分析： 前期行牌的过程中，南家出了两个红桃 A，防守方没有对子，也没见跟出分牌，那么从南家的角度来看，除了底牌以外，红桃的分牌全部散落在防守方，于是每次进手都会出红桃的小单牌，以便可以把这门花色的分数和同伴主牌里的单分一网打尽。在上一轮的红桃中，东家跟出了红桃 10，西家跟出了红桃 K，外面明显还有一 10 一 K。显然西家的 K 完全为了迷惑庄家，庄家如果记住了红桃所有的分牌，就应该在这一轮次清楚地分析出西家手中必有一个红桃 10，而用不着出这个小王，只出个梅花 5 就可以拿下。这个庄家没有记牌，所以才会在这个时候浪费王牌控制，同时也错过了出逃梅花 5 的最好时机。记牌的重要由此而见。

四、贯通

有了聪明的头脑，有了控制的能力，也具备了扎实的功力，可以称为大师了吗？只能说有了可以做大师的资质，三者可以贯通于一点也仅仅是具备了大师的前提条件。

牌例 1-4-1（南家为庄）

底牌：；亮主信息：本局打 A，庄家双亮红桃 A。

分析：这样的牌型很多牌手喜欢后控，先调主用方片保底。但这种方式会有很多弊端：首先，主上没有制控，很容易被对方在最后进手的时候以套制套；其次，方片号码不齐，不能保证甩五张就可以立手，如果不立后期就会造成失控的局面；第三，同伴的主牌和自己的主牌同时会损失在清调中，使断门将吃优势完全被忽略掉；第四，容易最大程度体现后控弊端。这副牌如何把智慧运用到控制中充分体现功力是个非常复杂的过程。庄家首攻梅花 K 是非常必要的，以免 K 被废在对手梅花对子中，然后调小主脱手，看看情况。东家给了红桃 5，北家上了大王，稍显急躁。北家出梅花 K，被东家将吃，东家出黑桃对 3，庄家贴两张方片。西家一对黑桃 5 进手后，出梅花对 Q，因为东家断了梅花所以庄家不敢怠慢，用对红桃 2 将吃，这一对是必须将吃的，否则防守方会进账 20 分。庄家再次调小主，东家直接出了小王，看到庄家贴方片，东家便主动出了方片 K。东家的拼命三郎精神，完全疏忽了底牌有分的可能，给了庄家强有力的保底心理支撑。东家再打方片对 5，北家盖一对方片 7，庄家不敢再放牌权，用方片对 8 盖过，继续调小主，希望同伴能会意。帮庄级别的牌进手后，领会了庄家的意图，拆了两个方片 A 进行主牌清调。

牌例 1-4-2（南家为庄）

分析： 最后这几手牌南北得以全控。从整个牌局分析，庄家可称有勇有谋。开局的首攻就没让防守方觉察底牌有分，致使东家的防守出现疏忽，连续打出庄家需要看见的大牌。中间红桃对 2 的将吃、方片对 8 的盖过，充分体现了庄家的控制能力，牌权收放自如。尾盘主牌及方片张数和号码的记忆也颇具功力，集智、控、功三位一体的控制成局，初具大师风范。

第2章

战备

双升很少以一副牌为一个比赛周期，经常是一局牌，即便是大型比赛，也会设定时间段，用级差决定输赢归属。所以如果把双升定为一场战役的话，它就是一场持久战，需要很完善的战备。

2.1 大师之心

心是人体最重要的器官，掌握着我们的生死命脉，且还由此衍生了无数的附加功能。在很多情况下，我们的行为都会屈从于心，因为它一丝一毫的波动经常会带来翻江倒海的结局，竞技运动更是如此。

一、心态

心态在各种竞技比赛中往往比技术更加影响输赢，所以在每次书写牌类游戏时，我都会为此留出篇幅。心态的变化较牌型变化更加复杂，且不受任何情况控制。为了更真切地说明这一重要性，我把自己两次重要比赛失败于心态的切身经历跟大家分享一下。

2012年8月，我第一次组队参加北京电视台的《节节高升》比赛。因为是第一次，所以从初赛到复赛，没有任何心理压力，一路畅通进入三强，并在第一场以高出对手 90 分的大比分直接挺进决赛。就在此时我心里发生了巨大的变化，对冠军的渴望导致技术变形，同样对阵输给我们90分的对手，一把强庄小光牌，被我在庄位上让对手挣到85分。一盘结束就注定了输的劣势，后边的两盘心态更加难控，把眼看就已经是自己的冠军奖杯拱手相送。当时的沮丧与悔意可想而知，由此总结没有冠军的心，难以成就冠军的命。

2013年调整了心态，实现了冠军之梦，从而进入了同一档节目的年终总决赛。对于北京的双升牌手来讲，进入北京电视台的年终总决赛几乎是可遇而不可求的。读者看到此处一定会说："你又死在心态了吧！"不好意思地回复："是呀，我的心态葬送了全队的总冠军之路。"在决赛中，我们前两副牌领先350分（因为是抄底模式，分差较大），以为胜算在握了，最后一副的最后六张牌，牌权在我手中，当时心真的乱极了，前期的整体行牌过程忘得一干二净。正确的出法应该是大王调主破坏敌人的主牌拖拉机，只要不是拖拉机扣底，就能赢得最终的胜利，而我却用副牌送入敌人手中，同时也把奖杯当了礼品。与总冠军失之交臂的切肤之痛，让我至今记忆犹新。

两次的经历告诉我，要想成为大师，练就大师之心是必经之路。希望广大牌友吸取我的失败经验，无论在什么时候坐在牌桌上都保持放松的心态，只有这样才能出色地发挥自己的最高水准，也只有这样才能把控制进行到底。

牌例 2-1（北家为庄）

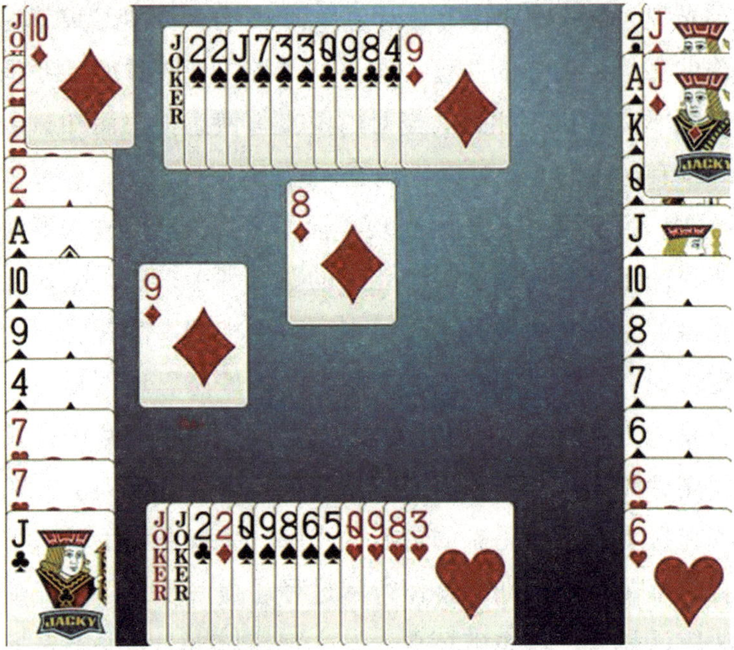

底牌：；亮主信息：本局打 2，庄家双亮黑桃 2。

截图时台面分数：
。

分析：庄家在主牌没有大王的情况下把红桃的 15 分下到底牌，这需要很好的心理素质才能进行更好的台面控制。我们之所以把分牌下底，就是为了面上的分牌更好地出逃，如果心力受控于底，不如留在手中以免造成更大的损失。这个庄家的心态非常好，牌行至此依然在和帮庄进行交叉将吃，使三门副牌的分牌得以大面积地消灭，这种状况即便底牌易主也是值得的，因为如果这 15 分留在手中，牌局就注定了失败。下分越到后面对心理素质的要求越高，行至半程开始清主是最危险的打法。我们看这副牌例，如果庄家在这时开始清主，那就会让同伴与自己的主牌实力完全丧失在清调之中，最终的操控很难预料，所以在此时交错副牌是明智之举，后面必须找机会甩梅花把手牌打至全主，最后可以用小牌升级方式保住底牌的所有权。至于何为小牌升级，我们后面会详细讲解。

牌例 2-2-1（北家为庄）

底牌：；亮主信息：本局打 5，庄家双亮梅花 5。

分析：我们看这副牌，以庄牌的实力过庄是一点问题没有，加上帮庄黑桃偏短的优势，控得好很可能会有小光。按理说这样强劲的支撑，完全可以忽略掉心态的，可我们看看下面的一张图，就可以完全验证出心态是多么的重要了。

牌例 2-2-2（北家为庄）

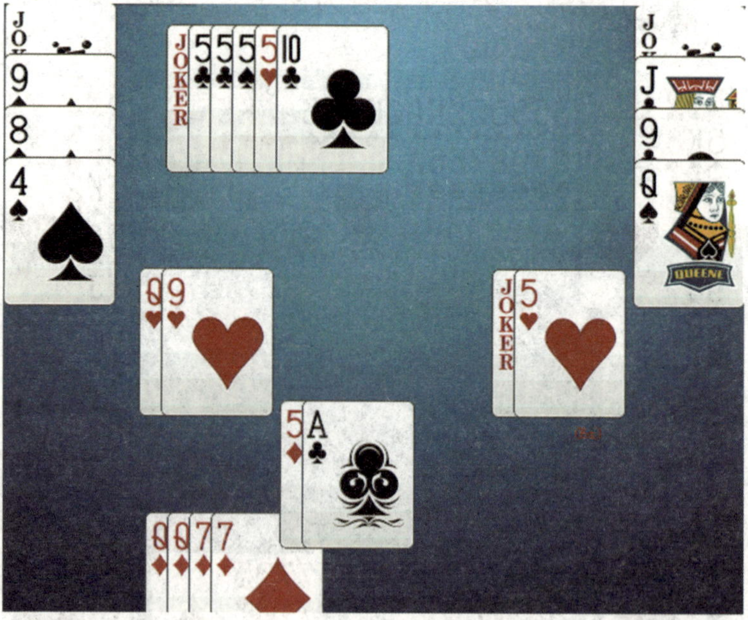

截图时得分：

。

分析： 我们看看第二张图，再看看台面上的分数，这一手出完输局就是定论了。庄家为了尽快把自己打成全主，完全忽略了行牌顺序和红桃一门牌的控制，打光副牌就迅速调了主牌拖拉机，想消灭主对对底牌的威胁，然后以为可以坐享其成了，殊不知后半程对方用黑桃和红桃的对子得了天下，迅速扩张了战果，把庄家挤到底牌的缝隙里，没有任何喘息的机会。

心态好，可以把弱牌控成小光，心态不好可以把强牌做到下庄，所以调整心态是整体牌局控制的重中之重。

二、心力

世界上力量最大的是什么？我认为是心的力量，强大起来势不可挡，可抗衡千军万马。世界上力量最小的是什么？我认为还是心的力量，因为它渺小起来就会羸弱无比，迎风可倒。心力在双升运动中所表现出来的就是坚持，很多牌手的坚持取决于牌力，牌顺的时候就会用心打，逆风牌就会自暴自弃。其实 80% 的牌没有绝对的好坏，输赢只是靠每张牌的威力是否能发挥得淋漓尽致，有的时候坚持真的就是胜利。

牌例 2-3-1（西家为庄）

底牌：；亮主信息：本局打 4，庄家双亮黑桃 4。

分析：庄家首攻方片对 Q，领出后继续攻出梅花 A 和红桃对 8，然后调小主脱手。南家的主牌非常局促，又有 20 分在手，所以直接给了 10 分，探帮庄实力，也顺便读一下同伴的主牌实力。帮庄拆了梅花 4 盖上，北家跟出小牌。从这一轮就可以看出，庄家不但有两个黑桃 4，还应该有一个大王和一个小王。防守方两人心都凉了，失败的味道非常浓郁，坚持是唯一能做到的抵抗。东家进手后出了副牌的三个A，然后出红桃给庄家将吃。值得一提的是，在帮庄出梅花A的时候，北家给到梅花Q，庄家将吃后应该仔细探寻梅花的号码，两个10和两个5踪影未见，如果在刚出完两轮就判断北家断了梅花，梅花号码的分布就应该是南家同时持有对10和对5，但这种概率微乎其微，所以庄家应该明智地甩出梅花Q、J，来扫清梅花的分牌，以免给自己造成更大的损失。庄家可能认为梅花大牌已经在己方控制，开始用级牌清主，他忽略了对子的威慑力。南家抓住了庄家的这一点点失误，果断上了小王打出梅花对5，送给同伴的对10。北家如鱼得水，继续打出梅花对2，和方片对J。看到台面上分牌瞬间增加，庄家有些慌乱，便用一对红桃4将吃了方片对J。损失了一对主牌，庄家紧张起来，用黑桃5调主来逼迫对方的主牌控制。南家知道分对于主牌控制稀缺的己方来讲多么重要，他用级牌盖上，甩出红桃AQ。

牌例 2-3-2（西家为庄）

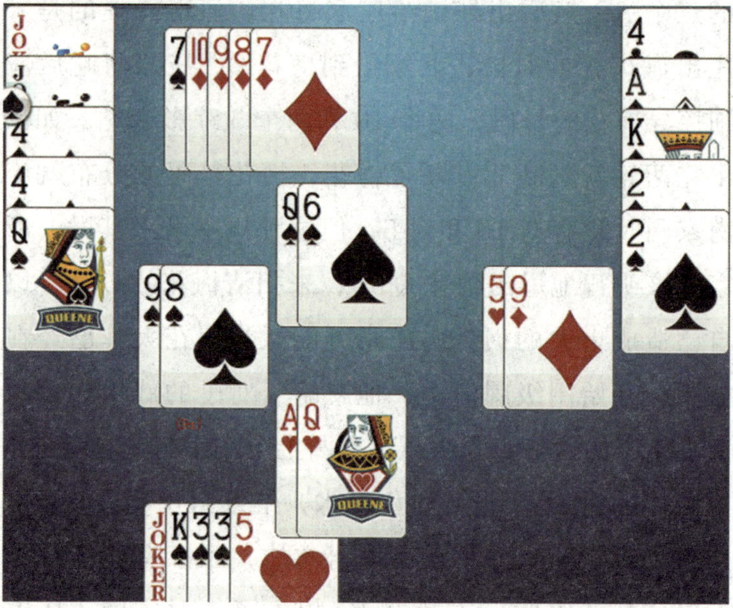

截图时台面分数

。

分析：真是巧合，东家还留有一个红桃 5 而无法将吃，北家打出自己最大的两张主牌奋力一搏，他的搏击出了奇效，庄家除了级牌和王牌，居然没有能管上的主牌，在这种情况下，为了 5 分而扔掉主牌的控制仅在庄位上考虑，确实得不偿失，庄家没有想到，北家的进手对他来说将是万劫不复的结局。北家甩出四张方片，我们看看图中的事态和台面上的得分就应该很清楚地知道结局了，庄家为了底牌只能放弃面上的控制，而南家带大王将吃形成最后的绝杀。

小伙伴们都惊呆了，帮庄也不由得起身质问："还能不能一块玩耍了？"这局牌到底是运气呢，还是技术呢？其实最根本的就是赢在坚持。好牌重要，好牌手重要，永不放弃更加重要。我们在拿到一手牌的时候，不要冒然就认为毫无机会，很多时候机会是靠自己创造的。在双目茫然看不到对方手牌的情况下，谁也不知道控制的关键点具体到哪一时哪一刻，过早的盲目放弃就等于把机会给了对方，提前给自己判了死刑。坚持也是一种控制，控制的不是牌力而是心力。

2.2 大师之伴

我们前面说过，双升是两个人为搭档的游戏，那么想成为大师，光靠一己之力是不可能的。规则统一，信号统一，那么搭档有那么重要吗？有，非常有。

我一直提倡双升搭档之间要水平相当。何为相当？就是从智力到对牌的感觉甚至性格都在同一个水平线上。只有这样双方的理解能力和对牌张的处理才可以找到共同点，不至于出现偏差。有很多人觉得水平高的带水平低的可以慢慢进步，其实不然，这样效果会很差，经常造成水平高的肝火旺盛，水平低的委屈茫然，时间长了，友情没了，牌技也没了，得不偿失。

一、解读

在双升这个游戏的整体过程中，语言是被明令禁止的，虽然只是个游戏，但如果全都用语言把信息传递了，这个游戏自然就失去了意义。不能说话，我们也不是盲人摸象，人有人言兽有兽语，同样的牌也有自己的语言，每一张放到桌上的牌都是人为操纵的，所以它就变相地代表了牌手想要对同伴说的语言。

想要配合得好，解读牌语尤为重要。搭档坐庄，首攻一张小主，说明什么？作为帮庄，你怎么解读呢？第一次调主你进过手，出过大牌，送过断门，庄家进手再次调小主，你又怎么解读？两次同样的出牌却代表了不同的牌语，你能清楚地知道吗？如果回答是肯定的那证明你是个合格的搭档，如果摸不着头脑，那请你换一个搭档，换一个他的牌语你能完全读懂的搭档。

牌例 2-4（南家为庄）

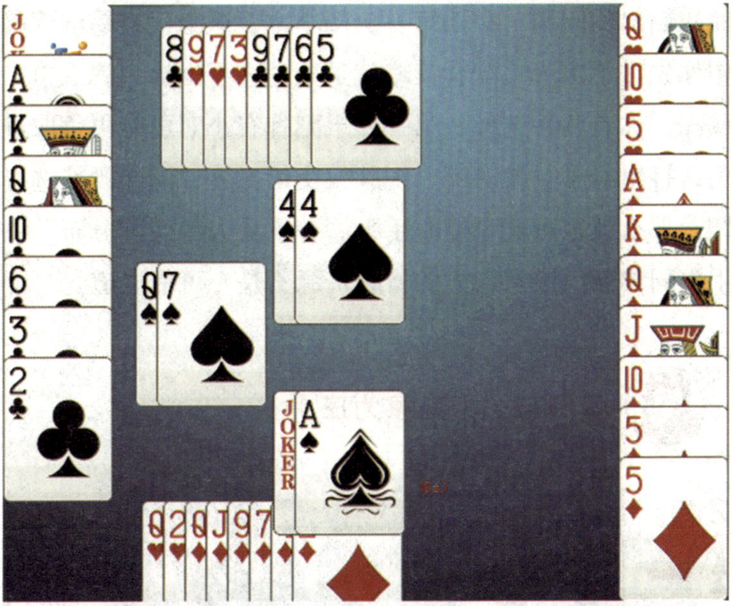

底牌：；亮主信息：本局打 8，庄家单亮黑桃 8。

分析： 在南北双方可出的副牌都已出尽的情况下，庄家将吃梅花进手调过两次小主，意图是为脱手，让自己立于可控的有利位置。没想到帮庄会意为清主，进手后连续三对主牌，清下庄家的大王，把尾盘的控制全部送到防守方手中，只留下庄家的一声叹息。可见搭档之间的解读多么重要，网络平台流传着这样一句经典语言：“不怕神一样的对手，就怕猪一样的队友”一语道破了搭档间无法解读的悲哀。

二、配合

可以读懂牌语，接下来就是配合，光懂是没有用的。接着上面我们出的问题：搭档第一次调小主，这个很容易解读就是希望你先进手出牌，配合策略就是抢先进手出掉大牌。第二次再调呢，你有两种选择，第一如果副牌有小对可以再争取进一次手，打出对子，没有呢，把牌权交给对手，同伴既然选择了小调，那么就很可能希望脱手，看一下敌人的大牌分布。一味进手出同伴断门浪费己方的将牌资源不是个可取之道。

牌例 2-5（南家为庄）

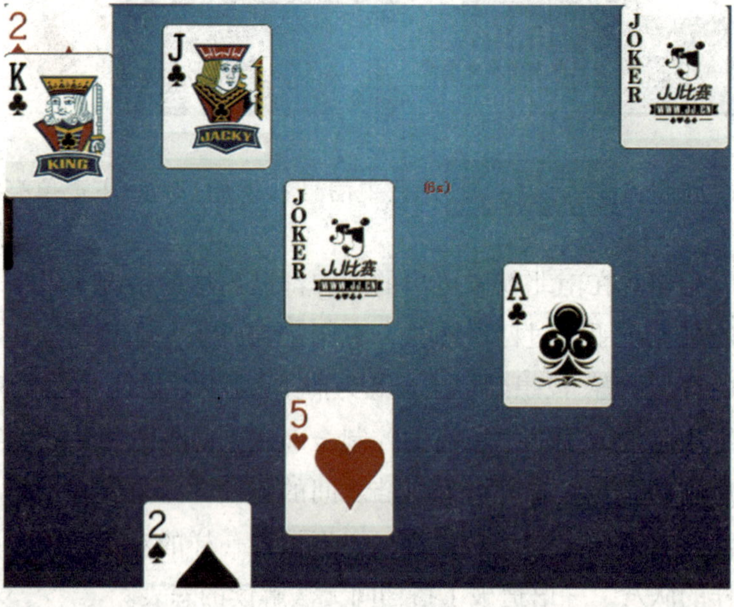

底牌：；亮主信息：本局打2，庄家双反大王。

分析：庄家在树立长套后，用两个大王清调主牌，甩出长套，旨在让帮庄贴断红桃，可以将吃自己手中唯一跑不掉的单分红桃5。庄家有两门长套黑桃和方片，在帮庄出红桃A的时候，庄家给的红桃K，由此帮庄判断庄家很可能还留有红桃单分，所以果断贴断红桃。此时，庄家出红桃5，帮庄有一张小王，在两个大王调出后，小王是主牌制控，庄家在知道帮庄断了红桃直接出红桃5，完全是指令性出牌，就是让帮庄将吃，现在台面上是25分，所以这个小王价值不仅仅是5分，而是小光和过庄的关键控制，帮庄很配合地将吃了红桃，完成小光，这就是解读后的默契配合。

三、克服自我

我们经常会看到，一局牌出完，两个选手吵得你死我活，谁都认为自己是正确的。这就是每个牌手都有很自我的那一面，每个人都有自己不同于其他人的想法。牌友中有多年的朋友因为一副牌而永不往来，可见牌手的自我多么严重。

克服自我是成为大师必备的素质。人是不是聪明是靠别人评价的，不是靠自己夸耀的，那些自以为聪明的人很多时候摆脱不了聪明反被聪明误的结局。学会站在对方的位置去想问题、思考牌理才可以有长足的进步，从而也给搭档一个宽容度，使今后的配合日趋默契和精彩。

牌例 2-6（南家为庄）

底牌：；亮主信息：本局打 2，庄家双亮梅花 2。

分析： 前期的行牌台上方一直控制着牌权，防守方没有拿到任何机会，台面得分为 0。东家第一次进手，如果记分的话应该知道分数已经岌岌可危了，红桃是庄家的明断，这个红桃 K 无疑是最大的放弃。因为已经清过主对，东家此时应该调主，争取让同伴进手，用红桃的对子盘活自己手中必死的红桃 K，才是最恰当的行牌思路。他一味地想把自己打成全主就是完全自我的打法，没有从全盘去考虑利弊，殊不知没有了分牌，主牌再多也毫无用处，最终送给了台上方一个小光。

四、服从

看到这两个字，不知道有没有人第一时间认为它所代表的含义是牌技低的牌手要服从牌技高的牌手？如果有这样想的，我就要明确说明一下，这不是我的理论，反而是我多次反驳的理论。在打牌的整体过程中，所有牌手都是平等的，所以我鼓励搭档各方面的水平相当。谁也不可能绝对地去服从另一个人，我所说的服从是大家都要去服从手中的25张牌，围绕牌的优劣通过牌语交流去选择服从哪一方才可以获得更大的利益，我想大家都应该赞同这个观点。

巧妇难为无米之炊，再高明的牌手没有牌型做基点，也不可能正确地指引方向，所以奉劝自以为牌技高的牌手，不仅要尊重搭档，还要尊重手中的牌，这也是成为大师的重要一步。

第3章

初见端倪

有了强大的心理素质，又练就了一身大师风范，那么剩下的我们就该讲牌了，这一章所涉及的是在行牌之前的两个至关重要的概念。

3.1 信号

信号牌根据地区和网络平台的不同分为很多种，日常打法只限于牌张，在很多带有经济利益的比赛中逐渐发展为不正规的手语甚至声音。信号越趋于准确越容易被选手所依赖，所以尽管信号经常存在牌张局限弊端，还是被大多数牌手所推崇。我们目前用得最多的信号牌就是 8、9、J、Q，即在搭档一方出 A 的情况下，另一方给出 8、9、J、Q 表示自己持有另外一张 A。

后控打法的选手非常排斥信号,其实也没有太大的必要。既然信号已经存在，不用就等于把先机让给了敌人。既不过度依赖，也不排斥是智控打法的高深之处。

那么什么样的牌可以用信号，什么样的牌忽略信号优势呢？我们具体情况具体分析。

一、庄位信号

1. 控分长套可找信号

一门花色副牌长套持有 30 分，有 A 有对，可以试着找一下信号。找不到就把对子打出，不至于失控，同时争取缩短同伴本门花色的长度，寻找时机。

牌例 3-1

分析： 梅花长套为 A 带两对结构，30 分在手，可以选择找个信号，如果找到 10 就是活分，找不到可以打掉两对。自己的长套在概率上同伴应该是短套，争取在第一时间打断，也是活分的一种策略。

2.AAK 分结构

一门花色留有 AAK 并带裸分，可以用 K 找个信号，争取活裸分。

牌例 3-2

分析： 方片短套结构为 A、A、K、5，出 K 找信号除了

要活方片5以外，还可以告诉搭档自己的方片结构。在找不到信号的情况下，搭档如果有方片Q可以帮助飞牌，幸运的话，方片K在上家，方片5还是可以顺利跑掉，一举两得。

3. 拖拉机带散分结构

一门花色为拖拉机带散分，可以用A找信号，找不到直接把拖拉机打出，本门不会失控；找到后，先跑散分。需要注意的是，如果拖拉机所带有的对子不是最大对，必须有另一门副牌为断门或有搭档明确知道的进手方式，否则同伴无法回牌，造成拖拉机废于手中，局面不好控制。

牌例 3-3

分析： 红桃长套带一张5分，可以用A找个信号试试，有最大的对子做控牌，找不到也无关紧要，打掉拖拉机再寻找其他机会。

4. 二次K信号

二次K信号指的是在对方出完A以后，自己手中结构为AK。很多牌手喜欢直接甩牌，这样打不属于控制打法，太过直接，经常造成浪费牌权。甩牌时同伴持有K，很难选择是跟出还是留下，跟出容易浪费，留下又怕造成敌人断门失分的负担，所以用K找个信号，是个比较合理的选择。找到了送出分牌或者小牌，找不到还可以保留A做这门的控制。

牌例 3-4

分析：在边家已经出了另一个方片A的情况下，看自己的方片结构全为不带对子的散牌，如果AK甩牌，剩下的牌张就会失控，所以目前进手可用方片K找一个信号，找到了送出方片5，找不到A留做控制即可。

5.A带散牌慎用信号

一门花色结构为A带散牌，没有对子，这样的牌型找到信号皆大欢喜，找不到整门的分牌就是对手的囊中之物，所以A可以留做后控。

牌例 3-5

分析： 方片结构为 AK 散牌，打出 A 找到信号有可能活 K 跑 10，找不到反而让敌人的 AK 甩出，就是最大的损失，所以尽量不用信号做桥梁。

6. 短门无分慎用信号

一门花色结构为 4、5 张，没有分牌，这样有没有对子都不易找信号，因为分牌的位置不好判断。

牌例 3-6

分析： 红桃结构为 A 带小对，无分，对 3 又是脱手小对，即便找到信号都不好处理，所以不如留做后期观望。同伴如果有 A，进手后反找信号，自己给 Q，同伴再送无论是 K 还是小红桃，都盖 A 打对 3 速断，后期处理起来就会更加自如。

7. 无主不找信号

无主定约是比较难控制的，因为主牌偏少，每门的大牌都是稀缺的控制权，这种情况下再去浪费 A 去找信号就等于自寻死路，去加强了敌人所有的弱势，所以此时应以做套为主，信号只做间接使用。

二、帮庄信号

帮庄的任务是帮扶，是四个方位中信号使用率最低的一个位置。因为庄家是有信号特权的，也就是在帮庄出 A 的时候，庄家即便手里有 A，也可以选择逃分优先。

1. 单 A 信号

一门花色结构为单 A 或者 A 带绝对大对，都可以找个信号，看看庄家的牌型结构并试探意图。

牌例 3-7

分析：这副牌帮庄手中有三门 A 控，都是可找信号牌型。方片的 AK 结构，找到信号可以逃 K；黑桃虽然无 K，对方有 K 概率增大，也可出 A 看看情况；红桃 AK 带拖拉机，找到信号先跑 K，找不到也可以打出拖拉机，庄家可以看情况贴牌。三门花色都属简单牌型。

2.K 信号可找

K 信号分为三种。第一，打 A 时 K 为最大牌张；第二，AAK 的副牌结构；第三，二次 K 信号，这三种情况都视为可找信号范畴。因为 K 为分牌，留做控制会引起失分的不利结果，所以找到信号利益无限，在帮庄位置也要选择这种利益优先的直接打法。

3. 不找信号

有 A 的那门牌同时有号码看齐的绝对大对，但是其他人并不知道对子为绝对大，这样的牌要直接出 AXX，而不去找 A 信号，以免造成庄家的误解。

牌例 3-8

分析：这副牌打 Q，红桃结构 A、10、10 为绝对大牌。如果先出红 A 找信号，找不到再出对 10，庄家很难判断对子的大小（排除两个人有分对不大不打出的硬性约定），会造成庄家浪费主对恶劣后果，得不偿失，不如直接打出 A、10、10，简洁明了。

二、防守信号

我认为双升中防守信号是最为重要的信号约定。因为防守注定了出牌顺序后置，经常赛程过半，还没有拿到一个牌权，所以不可能把好不容易到手的权利浪费在幼稚的找信号游戏中。

虽然在对方的信号牌中可以捕捉到星星点点的大牌位置，但由于近期后控打法牌手的大批涌现，信号模糊程度提高，识别存在着很大风险，所以搭档间的防守约定成为必须。即在对方出大牌的时候搭档彼此间给出一个信号牌张证明自己是否有大牌控制，以便于同伴更好地判断和解读。

3.2 亮主

亮主被很多种打法视为重要环节，好的主牌经常被视为赢牌的关键。有的牌手经常会抱怨没有主，运气差，其实这是一个借口。在智控双升这种打法中，我们会最大限度地忽略亮主这个运气成分，更多地去研究实战技术，把亮主仅仅当成一个程序，且把主的花色也仅仅当成一门结构，在这个前提下能控制得得心应手，才可以真正地称为大师。

一、结构

四门花色有四个结构，有人愿意把结构最好的花色亮为主牌，这严格地说不是完全错误，但还要看其他三门的结构情况，综合整体控制能力，因为一门主牌再强也不可能起到三头六臂的作用。有的时候弱套为主，强套控副会更加虎虎生威。

牌例 3-9

分析：我们来看一下这手牌，红桃和黑桃的结构哪个更适合做主呢，估计选择黑桃比选择红桃的人多吧，无论从单张还是对子数量来讲，黑桃占有明显优势。仔细分析一下，黑桃 A、A、K 带对 5 的结构无疑能控制整门牌张，而红桃对 10 放在副牌中不见得可活，在主牌中既可活于将吃，也可活在同伴级牌或者王牌的大牌中，所以红桃做主对整体牌型结构更加存在优势。

二、庄家主牌控

在大众双升亮主的过程中，赋予了帮庄亮主模式化定义，必须附带保底责任，这一点在我们这册书中将被修正，不鼓励僵化，根据牌型多样化的控制才能真正体现双升丰富的内涵。底是庄家的，庄家必须根据自己的牌来设计下底计划，帮庄亮主只是个参考。反而庄家亮主需要有个规划。

1. 从容下底

庄家自己亮主尽量以从容下底为前提，如果完全是为抢而亮，那岂不成乱了自己。下底过后满手裸分，还不如静心观望。

牌例 3-10

分析：我们看这手牌是庄家双亮的方片 6。仔细分析一下，庄家的一对 6 放在哪门花色中，主的质量都差不多，自己双亮完全没有道理，哪门的分牌都不敢下底，这种牌型根本无法控制，防守方副牌的一对 2 都会成为致命一击，不如期待一下其他人的亮主花色。

2. 慎亮无对主牌

断门将吃是庄家最大的优势，那么如果主上无对，主牌花色再长也属于没有控制，除非副牌门门对控，但这种可能微乎其微，所以亮主时要尽量在主牌上给自己以支撑。

牌例 3-11

分析：这副牌庄家单亮的方片 8。冒然一看，大家可能会觉得主牌较为强势，仔细分析就会发现，力度全靠两个大王和三张级牌，那这五张牌放到别的花色里一样是强势。方片带有 AK 没有对子，是最不适合做主牌的，红桃黑桃两门副牌无控，大王虽然地位显赫，但在使用次数上也是毫无特权而言，也就是同最小的对子一样只能使用一次，那么剩下的分数控制就很难讲了，这样的主牌不适合坐庄。

三、误区

因为亮主曾经的硬性规定，导致很多牌手产生了对于主牌花色的误区，在此做个提示。

1. 信息传递

很多牌手认为，单亮的主牌被反后，亮过的花色可以传递一个相对的强门信息，其实这是个误区。所有的判断都要以自己的手牌结构为基础，作为参考的东西要是演变成了硬性依据，势必会在整体行牌过程中产生控制偏差。

2. 对手亮的主牌必反

对于对手亮的主牌也不是能反就反，还要看自己的牌型，亮主的随意性使花色的优势有很多不确定性，千万不要被这种不确定性所蒙蔽，手牌事实永远是最正确的依据。

牌例 3-12

分析： 这副牌对手亮的黑桃主，自己的主牌三对，又是最长门，完全没有必要逞一时之气去反主，对方也可能是强亮，如果冒失地为反而反很可能为他人做了嫁衣。

第4章

庄位控制

双升中的庄位充满了神奇和诱惑，让每位牌手欲罢不能，总在牌局的开端就开始对其你争我抢。庄位因何如此炙手可热呢？首先，庄家有八张底牌作补充，不要小看这八张底，经常成牌的关键就在于此。底牌不仅可以补充手牌结构，更有可以整合牌型的优势，把无用的废牌甚至跑不掉的分牌下到底牌，以达到手牌相对完整。其次，首攻也是难得的一大优势。往往我们需要拿到牌权去兑现大牌，都需要去牺牲掉一张控制牌，即级牌甚至王牌，但首攻可以不费吹灰之力就能实现自己的逃分计划，在有信号配合的情况下还可以顺利过渡到搭档手中，给防守方以更大更残酷的打击。

好坐庄和坐好庄是完全不同的两个概念。坐庄不是个简单的事，有的牌手坐庄时先把大牌出尽，剩下的留给牌局自然消化，这是消极的庄家。怎么能统筹规划把牌型结构发挥到最佳，把每个牌张价值发挥到极致是每个庄家必备的素质。

这章我们按牌型分类从规划到下底、首攻和中尾期控制具体讲述一个庄家的综合技能。

4.1 坐庄计划

俗话说：“人无远虑，必有近忧”，坐庄也是如此。三十三张牌在手，要从牌力、牌型由浅入深地分析，是跑掉125分就是胜利还是打小光甚至大光呢？当然也有必须下庄的弱势牌型，就更需要切合实际的计划和打法，以保证把损失降为最小。

一、强庄计划

长主牌在很多时候不是强庄的特点，三门副牌没有控制能力，散主再长也不能称之为强，我们讲智控，那么只有主副有控的牌型配合才能算强庄。

牌例 4-1

亮主信息：本局打 8，庄家双亮方片 8。

分析：这副属于强牌牌型。虽无大王，但主牌拖拉机可以完全控主，黑桃长套对 A 带拖拉机可以用做后控，红桃对挂单 A，断梅花。无论从主的配置上还是副牌结构上都有多轮进手。在制定计划时，可以尽量去完成小光定约，当然需要帮庄的牌型配合，发现有所出入时要修正初始计划。

二、中强牌型

主牌制控，也有长度，副牌有单控，对子结构少，属于中强牌型。

牌例 4-2

亮主信息：本局打 Q，庄家双亮红桃 Q。

分析：初看这手牌，大多数选手都会认为是强庄。我们仔细分析一下，主牌从单张上来看，的确不弱，级牌加王牌共六张，完全可以控单，但十五张主牌却只有一对，想全控存在一定危险。副牌打过黑桃 A 会断两门，一对主 Q 想要完全控住主牌和副牌对子比登天还难呀，除非出现极端概率，大家都没有对子。所以这手牌不宜制定过高的坐庄计划，能控在 75 分以内就是胜利，千万别被主牌的单牌强势扰乱视听。

三、中等牌型

副牌和主牌都不是毫无控制，但也看不出任何强势，结构比较平和。

牌例 4-3

亮主信息：本局打 2，庄家单亮方片 2。

分析：十二张主牌一个小对，主牌无分是个硬伤。黑桃虽长结构中也只有一对，不可成套。这样的结构自是不敢下分，红桃 K，梅花 K 的裸分也是个症结。庄家的计划很难细化，只能期待帮庄在牌型结构上给以帮助，过庄貌似有点奢望，能有把握的就是跑掉 85 分。

四、弱牌结构

看到弱字就知道是个苦庄了，主牌副牌都没有什么控制，这样的牌型尽量开始不要调小主脱手，自己主牌无控，再把同伴的大牌用尽，后期就不好控制了。用先打自己长门这一方式告诉同伴自己的牌比较弱势是个较好的选择。

牌例 4-4

亮主信息：本局打8，北家单亮黑桃8。

分析：庄家一共七张主，一目了然，就不用评价强弱了。副牌红桃还算是个结构，但还没有分牌，不管从哪个方面看都处弱势。行牌应该先打梅花裸A，后直接出红桃A，找到信号可送，找不到把对子打了，然后看情况脱手，以此方式告诉同伴牌型偏弱。计划以不让对方升级为最好。

4.2 下底与首攻

下底与首攻是坐庄的两个重要环节，能不能过庄抑或可不可以打得漂亮，完全看这两个步骤处理得是否得当。之所以把下底和首攻放到一起，就是下底的模式决定了首攻的方式，两者不可分割。

一、下底原则

庄家下底要有自己的原则，不能看见大王就下分，也不能为了下分而每门留牌散乱，那到底何为底牌原则呢？

1. 断门优先

断门将吃是庄家最大的优势，所以在整合牌型时要尽量至少断掉一门牌，在不能下分的情况下也要尽可能去缩短，以达到速断。

2. 分牌操控

分牌下底，虽然可以瞬间轻松，但是对于底牌的紧张会让很多牌手技术变形，所以下分不是盲目的也要有原则。我们讲控分，不仅仅是控台面上的分，而是要控全局的分，包括下的底里的，分下到底里更好控制，还是放在手中更好控制，完全看选手的能力，所以分牌操控是智控双升的神来之笔。

3. 选套原则

在下底之前，我们会选择留在手中的副牌长套。有的牌手会对子优先，只要有对子就留在手中，这个方法十足不可取，要依据每门牌的控制号码和控分多少来优胜劣汰，以免在行牌过程中给自己带来不必要的麻烦。

二、首攻方向

前面讲了，首攻与下底密不可分，也就是说底牌完全决定了首攻的方向。

1. 简单明了

底牌没分，手分也不多，牌型偏弱，首攻大牌或套牌，简单明了地告诉搭档自己的牌力和坐庄计划。

2. 观敌瞭阵

首选主牌脱手为观望型打法。先希望搭档进手，给予帮助，万一失手也可控制。

3. 深藏不露

首攻任一张小牌，有可能是主牌，也有可能是副牌，让对手无从判断，当然要有后控牌型做配合。

4. 诱敌深入

首攻裸 A、裸对，然后脱手。没有人可以准确地判断，庄家手中是否有裸分还是已经断门，这种概念模糊的首攻经常给己方带来意外惊喜。

三、牌型分析

讲了下底原则和首攻方向，有的读者可能还是一头雾水，现在我们结合具体牌例进行详细分析。

1. 强牌无分

牌例 4-5

底牌：；亮主信息：本局打 10，北家双亮红桃 10，庄家双反小王。

分析：反小王的无主，七张大主注定的强庄优势。副牌结构一般，也没有分牌可以下底。无论从长度还是结构上都要首选黑桃做套，两对牌带 25 分，基本属于全控。红桃方片都难以断门，但红桃有对又长于方片，所以下四张方片留 A、J 控单牌。首攻不可用方片 A 找信号，方片只见到 5 分，找不到信号就会连单牌都失控。正确的方法是先用对 10 清一下主牌，然后黑桃小牌脱手。清主的目的是缘于打 10，万一对手黑桃 A 在前，又有大王就会在主牌上失分，如果不是打分牌就可以直接首攻黑桃小牌，旨在做套。

2. 强牌下分

牌例 4-6

底牌: ; 亮主信息: 本局打 J, 庄家双亮黑桃 J。

分析: 此牌局为抢庄模式，即抢亮到就坐庄。虽有六张强主，但主牌的张数很短，严格说算不上强庄。红桃长套可喜，做保底套不成问题。梅花和方片的分牌如果不下到底牌，很难过庄。所以下底构思应为：主牌一对必须留做保底，鉴于此，副牌的对子都不能下底，为的是打掉副牌中敌人的对牌，既不增加主对的负担，也是防止敌人对扣的最好方式。梅花留裸对，方片对 8 也可打掉方片结构中的对牌。首攻梅花对 Q 是好的选择。

3. 裸分

牌例 4-7

底牌：；亮主信息：本局打 4，西家单亮红桃 4。

分析： 主牌没有对子，也没有制控的大王，副牌梅花虽可为套，分牌偏多，即使立套成功，没有主对的掩护，分牌也很难存活。黑桃 A、A、K 是控牌，但 10 和 5 的散分依然是个负担，综上所述，弱庄牌型确立。下底思路：方片两对只看到 5 分，是首选下底花色，主牌的弱势基本保底无望，所以方片的 5 分是不能赌着下底的。如果主上存有分对可以考虑，断门还可能擒住方片对 K，两者交换，利大于弊。这种主牌结构没有断 5 的必要。另外两张不能选择梅花，梅花是主套，长度极为重要，缩短一张都可能很致命，所以下两张黑桃是个正确的抉择。

梅花黑桃在分和对子上都有控牌，对手越主动打，越对庄家有利，所以首攻应该是方片 5 脱手。

4. 保持牌型

牌例 4-8

底牌：；亮主信息：本局打 7，庄家单亮梅花 7。

分析：光看主牌属强庄牌型，但副牌结构实在困难，连个 A 都没有，所以在下底时一定要谨慎，不能光以下分为策略，保持牌型完整更加重要。很多牌手可能会选择下红桃 5、K 再留两张方片，也不是不行，但很大程度地破坏了牌型完整。一张方片做首攻，不仅干净利落，还能给同伴做指引，只要搭档在其他两门副牌中有一张大牌，红桃分就是活的，即便没有，主牌的长度完全可以掩护红桃最后的甩牌。我们不能认为主牌强就任意下分，下分的同时一定要顾忌到牌型，否则在行牌过程中就会失去比下到底里更多的分。

5. 裸分不首攻

牌例 4-9

底牌：；亮主信息：本局打 A，庄家双亮红桃 A。

分析：整体手牌不弱，主上虽然没有制控但四对也算是个强势，梅花长套单双可控，没有王牌十一张主不建议下分。首攻裸分经常是牌手的大众化选择，但不适用于这副牌，原因就是因为打 A。在 K 为最大牌时，出裸分将会呈现最大限度的弊端，小梅花是首攻最佳，期待搭档先进手打出方片或黑桃单 K，就可以隐蔽地跑掉手中的分牌。主对是梅花长套的强势掩护，所以单找小牌也可一举两得。

6. 中等牌型

牌例 4-10

底牌：

；亮主信息：本局打 3，东家单亮梅花 3。

分析：这副牌牌力中等，但很好下底，黑桃没分正好断门，补三张红桃即可。方片长套，所以方片 4 应该拿起，多下一张红桃，尽量缩短红桃张数，甚至可以拆对红桃 J 下底，万一同伴有对还可以带走分牌。首攻小主比较适合，先寻求帮助，继而进手再见机行事。

7. 扣 A 牌型

牌例 4-11

底牌：

；亮主信息：本局打 5，西家单亮梅花 5。

分析：本副牌属中等牌型，主上有一小对，也算稍有控制。在不能扣分的前提下，黑桃为首选下底花色。具体牌张怎么下是个难题，很多牌手喜欢留黑桃 A 带 10，用 A 找信号，找到后出 10。那么找不到呢？也出 10 吗？是不是就会造成很大损失？我们换个思路，既然找到信号黑桃 10 分才能活，不如我们只留 10 作为首攻，在同伴没有 A 的情况下，也会把损失降到最小。另外底牌的两张方片换成两张红桃会更好一些。

8. 必下之分

牌例 4-12

底牌：；亮主信息：本局打 4，西家单亮红桃 4。

分析：手牌结构基本属于强牌，只是主上大牌和对子稍有欠缺。黑桃拖拉机控了一门副牌，梅花虽没有 A，但号码比较多，又有两对，也算控制。

虽然没有十足的保底把握，下 10 分还是不成问题的。红桃 10 留在手中既影响了牌型完整，又会造成不必要的损失。所以正确的方法应该用红桃 10 换回梅花 3。

首攻黑桃拖拉机后，出梅花小牌，争取做大梅花的两对牌，来弥补主牌一对的欠缺。

9. 难以取舍

牌例 4-13

底牌：；亮主信息：本局牌打2，庄家双亮黑桃2。

分析： 这手牌主牌比较强劲，但三门副牌不好取舍。虽然可以下分，红桃对K、方片对K都是一门牌中对子的控制，毕竟对A的存在是需要概率的，下到底里无疑会产生浪费，给主牌保底造成负担。梅花对A对5，都留在手里，首攻就会很困难，有四个K要活，首攻红桃小牌是必选，如果留了梅花两对，不用做首攻，别人打单牌控制起来会出现难度。三门副牌都可留，又都有欠缺。深思熟虑后，我们可以选择梅花除了对A外断掉，红桃对K以外留两张单牌做首攻找A，方片两对使对K留有保护，这样就解决了所有的疑虑。需要注意的是切忌红桃的号码留成9和J，要避免两张都是信号牌造成同伴的误解。

10. 无主下底选择

牌例 4-14

底牌：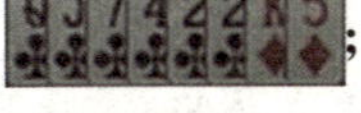；亮主信息：本局打9，庄家双亮大王。

分析: 这副牌打的是无主，为强庄牌型，下分成为必然，但所下分的选择需要三思。梅花无分应为首选下底花色，方片短门，分不下底留在手中难以保全，所以方片K和5是必下的。红桃较长，可以期待一下同伴的大牌。首攻黑桃3是最佳选择，因为黑桃的40分在手，不会有太多损失，找到另一个A，基本黑桃就可立套了。无主牌型中，主再强张数也是有限，所以下底时要注意留在手中的应以控分花色为主。

四、牌感

牌感是个抽象的概念，也是一种先天的优势。所有打牌的牌手都知道它的存在，有的人强一些，有的人弱一些。之前没有任何一本书去探讨过这个概念，最多只是一带而过，我想完全是因为这种与生俱来的东西很难在后天进行强化。之所以我要提，还要认真地单列出来着重地讲解，最大的理由就是，在我的牌手生涯中，牌感是我最有力的武器，有了它，我才可以驰骋在不同的赛场取得不俗的成绩。在我的意识中，一个牌手如果想登峰造极，那么牌感就是必须。而且个人认为先天的东西虽不能更改，但随着大量的训练和牌型的多见，往往可以带来牌感惊喜。

牌例 4-15（南家为庄）

底牌：；亮主信息：本局打 7，庄家双亮红桃 7。

分析：这是我在打网络比赛时一副自己坐庄的牌型。这副牌无论从主牌上还是副牌上都属于强庄牌型。方片的结构 J 以上没有号码，对 10 留在手里是非常危险的，如果下底可以交换梅花 3 和方片 J，单张方片做首攻。但在下底之时，强烈牌感导致我留了方片对 10，并认为一定能跑掉，首攻黑桃对 A 以后，继续打出了方片对 10。同伴自然接手，用方片对 Q 和拖拉机带走我手中的梅花散牌，完成小光。有人会说，如果首攻方片 J，结果也是一样，同伴单 A 亦可接手。那么接手之后呢？没有看到方片 K，对方片 Q 不敢带，只能先打拖拉机，在防守方断方片的情况下，没有主对的帮庄只能让方片对 Q 死在手中，因此不能把庄家的副牌带严，很可能会失去小光之局。另外没有大王，多下 20 分就是负担，负担之下就会有心态的变化，所以牌感挽救了负担下的心态。

我们鼓励牌感，但却不是唯牌感论，而且切记不要用错的感觉去葬送本该打赢的牌局。智控双升，靠的是智慧和控制能力，牌感只是感觉，感觉可以瞬间创造奇迹，却不能超越智能。

4.3 中盘调整

中盘是对一个庄家坐庄能力最严峻的考验。前期的计划，下底与开盘的首攻过后，进入了真正的行牌和判断，庄家要全神贯注于一点，在读牌过程中精确地判断每门大牌及主牌控制的分布来调整不完整的坐庄计划，使之更加犀利无敌，直至宣告胜利。

一、桥

桥是架在水上或空中便于通行的建筑物。由于它的联通功能一直被牌类文化所推崇，甚至有一种牌类运动索性定义为桥牌，可见其作用的显著。

牌局行至中盘，桥的纽带作用非常重要，庄家在缜密的观察中一定要找到与同伴连接的桥梁，只有这样才能充分发挥牌张价值，把控制权牢牢掌握在自己手中，以达到智控全局。

牌例 4-16（北家为庄）

底牌：

；亮主信息：本局打 6，南家双亮梅花 6。

分析：这副牌存在两个桥梁：第一个是信号桥，即如果庄家选择首攻方片 A，找到了帮庄的信号牌，方片这门花色就有了可架的桥梁；第二个是断门桥，即如果庄家首攻黑桃 K，那么黑桃这门花色就是帮庄送牌回庄家的桥梁。有了这两个桥，庄家可以更好地树立方片长套，而帮庄也可以把黑桃的 30 分通过庄家将吃跑掉。

二、全局意识

108 张牌组合各异，整体牌局也会随之转移变化，我们在行牌过程中仅仅用感知很难把四家牌分辨得清澈见底，所以全局意识是个关键问题，只有意识到位了，才能真正地认识全局从而把握全局。

牌例 4-17（南家为庄）

底牌: ; 亮主信息: 本局打8, 北家双反大王。

分析: 我们先看底牌，跟我们前边讲过的下底原则稍有颠覆，这是无主下底的一种方式，之所以放在这里做牌例，其原因在于这个庄家从下底就开始了未雨绸缪，值得学习和探讨。

这副牌如果是有主定约，下底时应该只留梅花对10，或者梅花拿起，方片对7下底，用来活方片10和5。但是我们打的是无主定约，虽然主上制控在同伴手里，无主主牌的局限会大大降低控制力度，所以在下底的时候我们就要从全局的控制考虑。看庄家手牌，通体除了方片 A 以外几乎没有制控的牌权，而主牌的局促使留梅花裸对 10 变得毫无意义，且梅花 10 以上号码短缺，危险度还会无形增大，为了既保护方片 A 的控制，又能活梅花对 10，只能选择这种下底方式。

首攻红桃拖拉机后，千万不能用方片 A 找信号，要想办法先活黑桃对 10 或者梅花对 10。由于梅花号码劣势，黑桃张数的优势，先找黑桃小牌或者直接打对 Q 为最佳选择，方片 A 留在手中等待牌权。

三、时机

我们常常会看到这样的景象，庄家悉心做好一副长套，一心以为前途无限光明，悠然自得地准备坐享其成了，瞬间被防守方的拖拉机打成一手废牌。心痛之余我们究其原因是什么呢？是时机，没有把握好出牌的时机。

不知大家听过这样的说法没有：“五十四张牌，人生大舞台。”很多人把牌局当作人生，那么是什么能把这毫不相关的两个个体合二为一呢？就是时机，所谓“机不可失，失不再来”既是人生的感悟也是牌局的关键。

牌例 4-18（北家为庄）

底牌：；亮主信息：本局打 Q，东家单亮黑桃 Q。

分析：这副牌庄家手牌对子偏多，主牌结构很好，拖拉机带一对，副牌对子完全可以在主牌拖拉机的掩护下给对方致命一击，是一副强牌。那么时机如何掌握呢？何时出套为最佳呢？首攻一定不能出对子，两对一出，手中的单 K 都会存在跑不掉的危险。调一张小主，用方片小牌做套都是好的选择，一则期待一下同伴的大牌跑掉单分，二则两门副牌都控有 30 分，也可以等待对方先出大牌，自己借机树套。只要手中的副牌单分跑掉，主牌单分活于断门中，就是出套最佳时机。控牌就是控分，当自己的分都跑掉了，再用套挤掉对方的分，至于剩下的散牌则可以见机行事。很多牌手喜欢打得漂亮，愿意把小牌找尽再兑现长套，这是很危险的，经常会让对方的套制住了自己的套，错过最佳时机，而在先出小牌时又会让对方可以被挤掉的分牌得以存活，没有太多的必要。

四、舍得

舍得，顾名思义，有舍才有得，要想得，必须先舍弃。这个词汇现在被越来越多的人作为口头禅，甚至被采用为酒名，可见大家都深知了舍得的意义。打牌也是如此，有的时候 10 分可以换回 30 分的利益，那么这 10 分还有不舍的必要吗？

牌例 4-19（南家为庄）

底牌：；亮主信息：本局打 2，庄家单亮方片 2。

分析：这副牌庄家手牌不强，很难过庄，但如果想把损失降到最小，也需要一些筹划。现在西家进手甩出红桃，庄家应该怎么贴牌呢？前期梅花一张没有出过，而此时牌权又不在己方，可见梅花 K 的安全系数已经无限缩小，所以贴断梅花是首选，而梅花这 10 分是必须要舍的，舍 10 分，梅花分就可以得到控制。

五、忍让

“忍让，是大智大勇的表现，它不计较一时的高低，眼前的得失，而是胸怀全局，着眼未来。”这段话不是来自于我，而是来自一位哲人。前面讲过，全局意识是庄家最重要的素质，那么忍让是与全局密切相关的，只有顾全大局的人才能真正地学会忍让。

牌例 4-20（南家为庄）

底牌：

；亮主信息：本局打 8，庄家双反大王。

分析： 前期同伴甩过黑桃，然后又一直在找黑桃大牌，志在做大后通甩。防守方进手后没有出过大牌，而是竭尽全力清调主牌，对于底牌有分的庄家来说是个考验。此时同伴进手后在找黑桃最后一张大牌 A，西家给了 10 分，庄家思虑再三以后选择了忍让，不将吃，贴红桃小牌，这是对的。我们通过桌面上防守方副牌的结构不难看出：庄家已经举步维艰，如果再每分必争，一定会使自己陷入绝境，忍一时而得全局是一个大师必不可少的素质。忍了这手，防守方一定会放松警惕，开始兑现可以得分的控制张。庄家为底牌控制留了最大的余地，也给己方带来全局生机。

六、牌序

牌局行至中盘，牌序就会变得非常重要。这里讲的牌序，并不仅仅指简单的出牌顺序，而是分为三种：一是不同花色的出牌顺序，即密切关注所有人跟牌与贴牌的牌张，以便能正确安排自己的出牌顺序，稍有不慎，就会给对方造成将吃控分的机会；二是同门花色对子与单牌的出牌顺序，这个既体现在主牌上，也会体现在副牌上，是实现牌张价值的关键；三是贴牌顺序，在帮庄进手出大牌，给自己贴牌机会的时候，要以无控花色的断门为首选，只有这样才能更好地控制全局，以达到效果最佳。

牌例 4-21（南家为庄）

底牌：；亮主信息：本局打 4，庄家双反大王。

分析： 庄家虽然双反大王，但主牌不够强势，加上将吃的负担，最后只剩一张大王在手，这个时候出牌顺序尤为重要。根据前期贴牌发现，同伴黑桃断得比较早，但主牌上早已经没有支撑，两人也没有了可以连接的桥梁，余下的控制都要靠自己了。因为梅花张数偏多，容易为对方带断黑桃，那样不仅给了将吃得分的机会，底牌也会产生危险，所以必须先打黑桃对 Q，把危险系数降到最小，即便黑桃坐偏，前期将吃，后面牌型也还可以控制得住。

牌例 4-22（北家为庄）

底牌：；亮主：本局打 10，庄家单亮梅花 10。

分析：看庄家手牌，结构非常好，无论从主牌还是副牌上都可以全部控制。唯独不见王，如果想打出光牌，行牌顺序尤为重要。先从主牌分析，行牌顺序应该是先单调，探一下同伴的主牌结构，因为手控 80 分，即便四个王都在对方，最多失分也超不过 20。等同伴大牌尽力后，再启动对子为主牌最佳行牌顺序。再看红桃长套，控有 25 分，同样可以先找小牌，前期大家都会有，本门花色不会失分，两圈小牌过后再用拖拉机才能在主牌长度的掩护下达到全控，小光牌一直在招手，完全看庄家怎么控制以达到完美。

牌例 4-23（南家为庄）

底牌：；亮主信息：本局打 2，庄家双亮黑桃 2。

分析： 帮庄进手后，出了方片 A，庄家给的方片裸 K，而后又出红桃 A，庄家给出红桃 K，看到同伴满手是分，帮庄继续出方片对 Q 带牌，此时庄家应该怎么贴牌呢？能贴红桃 5 和梅花 10 吗？一定不能，因为梅花长套中 10 不一定是死分，但是没有控张的红桃一定是最危险的花色，所以当机立断贴掉红桃是正确选择。梅花的长度完全可以把同伴打断，单 10 活在同伴主牌的大牌中。

七、修缮

我们讲过桥，虽然在智控双升中，我们不是很依赖信号，但是却不能忽略桥路。在慢慢的行牌过程中，不断发现和修缮与同伴之间的桥路是非常必要的。当然这既需要敏感度，也需要默契度。

牌例 4-24（南家为庄）

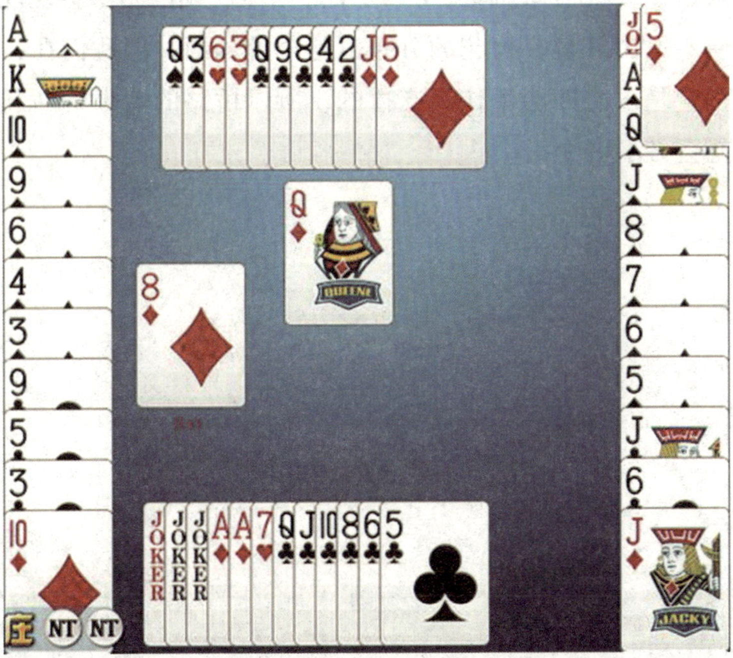

底牌：；亮主信息：本局打 A，庄家双反小王。

分析：这副牌为无主强庄，因为打 A，所以庄家打掉了自己所有的 K，意在跑掉该跑的分牌。此时帮庄进手，打出方片大牌 Q，很多牌手会选择贴掉梅花 10 来继续跑分，这只是个普通打法，高级打法是贴掉红桃 7，意在腾路。通过前期行牌，庄家清晰地判断：红桃仅存于己方。帮庄看到这个 7，就应该知道红桃 2 张可以甩牌，但主牌还没有完整清调过，怎么办呢？先不打梅花明大的 Q，而送方片 5，让庄家将吃进手清主。防守方两人进手出过梅花对 K 以后，谁也没动过梅花，所以梅花的桥路显而易见。过渡一手后，帮庄甩出红桃，庄家贴掉梅花小牌，牌局得以全控。当然看到四明手会发现，即便不甩出红桃，梅花的分布也是全控局面，但我们在行牌过程中是没有四明手作为支撑的，所以桥路的清晰判断与修缮就会必不可少。

牌例 4-25-1（南家为庄）

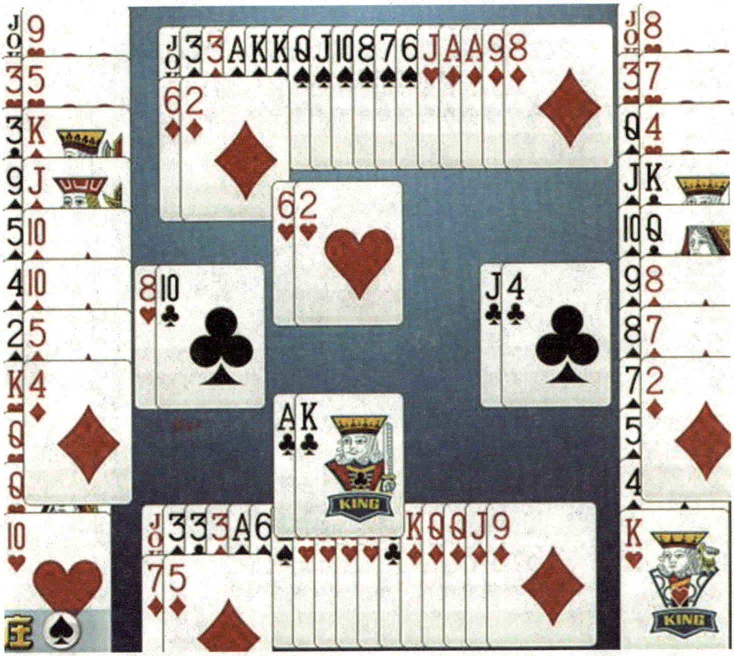

底牌：；亮主信息：本局打 3，北家单亮黑桃 3。

牌例 4-25-2（南家为庄）

分析：我们插了两幅图来说明这一个牌例，可见敏锐的观察力和修缮桥路对于中期控制的重要性。从牌例 4-25-1 中可以看到，庄家甩梅花两张，帮庄给了红桃 6 和 2，这证明什么呢？帮庄的红桃为短门。庄家手中的红桃结构为 A、A、10、5，勘测到这个信息，无疑是遇到特大利好，直接打出红桃对 A 进行进一步的核查，果然，帮庄的红桃真的断了，这次的桥路修缮使这门花色分数得到了很好的控制和歼灭。

八、借力

一个好的庄家应该知道想成功不能光靠自己的力量，要懂得借力。尤其是在副牌不是全控的时候，更是不能使劲清调主牌，要把帮庄主牌上的力量用到关键之处，错开两个的牌力，才能控制得恰到好处。

牌例 4-26（南家为庄）

底牌：；亮主信息：本局打 J，庄家单亮黑桃 J。

分析：经常会看到一个局面，有的庄家在长套出完以后，总是喜欢调主，不考虑怎么才能把不控的副牌变成控制，试想如果把帮庄的主牌实力消耗干净，所剩下的是不是就只是失控了。所以在调主之前应该先出帮庄明断的副牌，尤其是防守方还有分牌的，更需要先出，让帮庄在还存有实力的时候去拼杀。这副牌庄家的方片结构为带小拖拉机的长套，由于拖拉机的号码较小，不适宜后控，所以先行长套。在两家都明断的情况下，外面还存有一张方片 K，庄家在这个时候选择出小方片是对的。在自己主牌强劲的情况下，帮庄的主牌很可能呈弱势，如果一味清调，耗尽实力，外面漂有的方片 K 就会被对方操控，所以此时的方片时机掌握得很好。

牌例 4-27（南家为庄）

底牌：；亮主信息：本局打 6，庄家单亮方片 6。

截图时台面得分：

。

分析：从首攻开始庄家一直在出副牌三个花色的对子，使防守方损失了不少单分，领出后，庄家又用级牌调主。帮庄得到的信息是庄家手中所有的副牌都已经树立了，准备后期甩牌，所以进手后也一直在清调主牌，甚至主动调出了大王。我们看庄家手中的副牌剩余结构为四张散分，由于过分地清调损失了己方所有主牌实力，当帮庄还为桌面上的小光分值沾沾自喜时，殊不知最后四张却扭转为束手就擒。这就是庄家不懂借力的结局，在前期行牌过程中，帮庄已经明断了红桃，如果庄家可以客观判断自己的力量，懂得分散大牌价值，就应该单出红桃分牌，让帮庄的主牌得以致用，而不是毁在毫无价值的清调中。

4.4 收官

经过开盘的平稳过渡，中盘的起伏跌宕，很多牌手都会在尾盘松一口气，殊不知这稍一疏忽，就会铸成大错。所以把控制坚持到底也是一代大师不可缺少的素质之一。

一、分数核算

在底牌无分的情况下，对于尾盘的控制就要以记分为基础了，台面上跑了多少分，大家手中还剩多少分，都如何分布的，可以得分大牌的分布往往也会成为关键，怎么才能控制在自己的计划范围内，都要详细地分析和计算。

牌例 4-28（南家为庄）

底牌：；亮主信息：本局打 8，庄家双亮梅花 8。

台面分数：

。

分析：我们通过记分，应该发现已经跑了 110 分，除了防守方挣到的 30 分，台面上还存有 60 分。现在牌权在庄家手中，他会作如下分析：方片虽然外面存有张数较多，但是对于无王的自己要想再次进手无疑是个困难，再跑 15 分就可以过庄，那么此时主对清调后打出方片两对是个好时机，如果运气好，同伴持有一张大王还能打出小光。尾盘操作计划最后完成，小光。

牌例 4-29（南家为庄）

底牌：

；亮主信息：本局打 K，北家双反大王。

台面得分：

。

分析：这副牌打 K，又是帮庄反大王，台上方应该占尽先机，前期无论从主牌上还是副牌上都没有给防守方任何反击机会，行至尾盘还是小光界面。庄家通过记分应该知道，已经成功跑掉 115 分了，这意味着什么呢？就是再跑掉 10 分即可过庄。此时牌权在手，应该直接调出手中唯一的一个 K，先把胜利的果实握在手里。因为己方的大牌基本已经用光，一失手一定会形成对手的甩牌局面，当然如果能成功送出黑桃，真的就是小光，但成功需要概率，100% 的几率都把握不住，至于期待判断的又怎么能有机会呢？

二、底牌大战

对于一个技术精湛的牌手来讲，对于底牌的预测一定不是茫然的，从庄家开始行牌就应该能清晰地判断出，底的含金量到底有多少。所以在底牌有分的情况下，尾盘的争夺将是异常惨烈的，当然排除毫无牌力的情况。记牌的功力和控制的能力在此时也都会体现得淋漓尽致。

牌例 4-30（北家为庄）

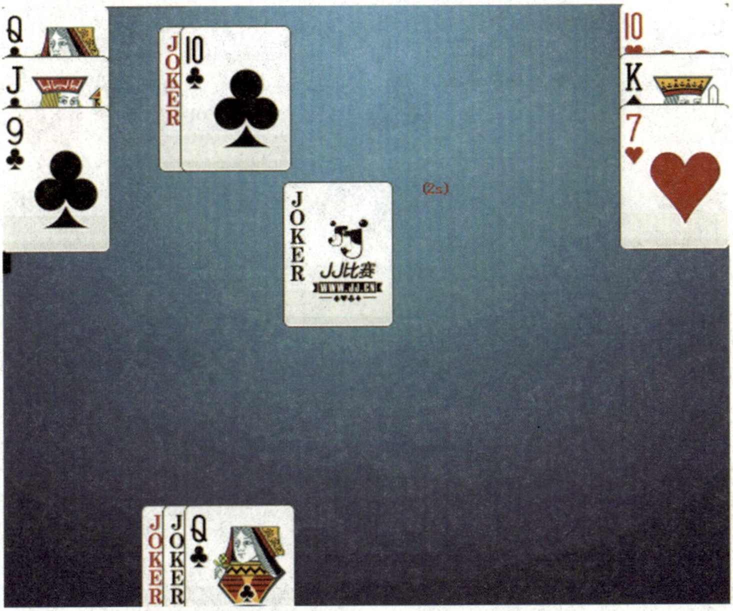

底牌：；亮主信息：本局打 10，庄家单亮梅花 10。

台面分数：

。

分析：这副牌大家可以清楚地看到无论庄家怎么出都是赢牌，但是如果大、小王不在同伴那而在对手那呢，底牌的归属是不是易主了呢？所以说这张小王出的是错误的。虽然面上已经 65 分，但相对于 35 分的重底来讲，轻重很容易分辨。庄家牌权在手，主 10 调主，外面的小王盖不盖，底都可万无一失（副对、主对在前期已经全部出光）。

牌例 4-31（南家为庄）

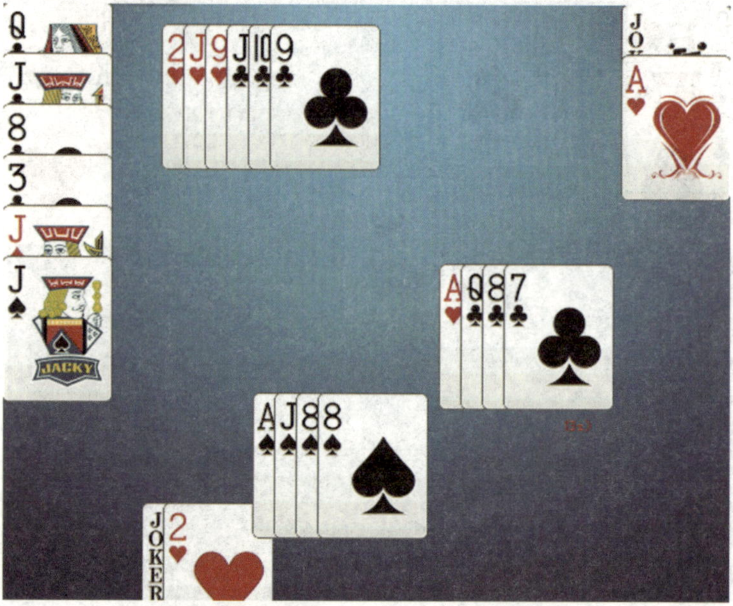

底牌：；亮主信息：本局打 2，庄家单亮红桃 2。

台面得分：。

分析： 从这副牌的前期行牌，大家便都知道底牌有分是个不争的事实。庄家在开始的时候就用牌语授意同伴，为了保底，先要调主。在同伴给力的帮助下，主牌张数迅速缩短。目前还剩有六张牌，两个红桃 A 成为对子，已经很明显，怎么控制能不失去底牌，庄家需要巧心思。大家看，此时牌权在手，有的牌手会选择主 2 清调，小王回手黑桃保底，但这只是一厢情愿。主 2 出去，对方的小王进手，主对清调一下就会全盘失控，所以先甩出黑桃是正确选择。对方想拿底既需要主的长度，还需要副牌对子结构，如果两者真的都具备了，那一定就是天意吧。

三、牌张升级

牌张升级是个高级打法，多见于尾盘操控。其含义就是在特定条件下使自己手中的牌张高于其自身效力。这个概念可能太过抽象，很多人看了不是特别明白，我们结合牌例就会一目了然。

牌例 4-32（南家为庄）

底牌：

；亮主信息：本局打 9，庄家双亮红桃 9。

台面得分：

。

分析：牌出到这个时候，对于底牌下分的庄家来说，外面剩有一个大王和三张主牌应该心知肚明，但怎么清调需要三思而行。四张主的分布概率不好估算，如果主观地认为不可能坐在一家，先出对 9 清主无疑过于莽撞，底牌的分数需要更细致入微的打法，确保其万无一失。怎么算细致呢？就是进行两次小牌升级，即先用副 9 调主，大王不盖，再用小王调主，这个副 9 和小王此时的功效都超越了其牌张本身的效力，可以跟大王一拼高低，最终只有一张大王的西家只能望底兴叹，无论用不用大王盖小王，都拿不到诱人的底分。

4.5 转换与失控

前几节我们系统地讲解了从拿到庄位开始到结束所有阶段的控制，但牌张组合的无穷变化还会有很多始料不及的情况，所以我们还需要知道两个概念就是转换和失控，也就是知道在这两种情况下应该怎么做才能不至于使全局行至崩溃的临界点。

一、转换

严格地说转换对庄家而言不是个坏消息，因为这意味着庄位的转换，即在行牌过程中发现帮庄的牌力明显高于自己，不停地用牌语命令转换庄位。这个时候一定不能逞强，否则整个牌局就会因分裂而崩盘。

牌例 4-33（南家为庄）

底牌：；亮主信息：本局打 8，北家单亮黑桃 8。

分析： 帮庄亮主带有保底责任已经被我们否认掉了，但凡事都有两面性，服从于牌是我们必须要遵循的原则。看自己的主牌结构，应该可以初步判断，同伴持有较为强劲的主牌，至于正确与否，后期有待考察。底牌无分，首攻梅花A后，再打红桃A，找到信号红桃5送出。同伴接手，拆打了两个方片A，然后送梅花断门过来。这时基本证实帮庄在初步转换，要自己把能打的牌打出，庄家接手兑现方片K和红桃两对带牌，从庄位过渡为尽帮扶义务，两人配合默契，顺利完成转换。

二、失控

我们讲了很多控制和分析能力，让整个牌局能正常运行于我们的掌控之中，可能很多牌手会认为失控只是偶然现象，其实不是，控制和失控就像双生花，它是一种必然存在。我们所面临的牌局不是一个人，也不是两个人，而是四个人，那么搭档的素质，边家的水平以及理解与配合都可能会给控制带来副作用，所以不要把失控看得过于可怕，只把它看成一种结果，只有能心平气和地面对失控，竭尽所能正确挽救，才真的能达到超越。

牌例 4-34（南家为庄）

底牌：；亮主信息：本局牌打 A，庄家双亮黑桃 A。

分析：牌行到这个时候，四个王一个没见，庄家应该心痛地感觉到，底不是自己的了，整体牌局陷入失控之中。悲痛和后悔已经挽救不了牌局了，能做的就是怎么把损失降到最小，多跑台面上的分数，然后送给对方一个单扣，把这个目标当成一个新的计划才行，即便是降低了要求，都很难办到，需要帮庄非常默契的配合。此时牌权在手，要打一张单红桃过渡给同伴，让同伴打主对送过来，然后自己进手继续清调主对，再出进手甩出红桃，留一张红桃 J。整体过程中，庄家都要密切关注张数，掌握好每个出手时机，稍有不慎，后果难以预测。

4.6 牌例分析

我从计划到下底，从首攻到尾盘，每个时期每个方位，都是每个坐庄的牌手所要理解和参悟的，怎么能贯穿这些流程一气呵成，这一节我们讲坐庄的牌例分析。

牌例 4-35-1（南家为庄）

底牌：

；亮主信息：本局打 K，庄家双亮梅花 K。

分析：这副牌的庄家手牌结构分牌偏多，打 K，主牌无王本身是个难题，八张主还有六张分就是难上加难。副牌虽然方片、红桃单双都有控制，单分也是个大累赘，而且自己的强门，从概率上讲同伴弱势的可能性很大，所以想跑单分就要从其他花色想办法。底牌下得不错，黑桃必须接近断门，对 9 一定要下底。首攻不能是两门红色副牌，黑桃 5 是最佳选择，断黑桃后如果同伴的黑桃有优势就可以跑方片和红桃的单分，没有优势，也可以跑主分。庄家的运气不错，黑桃 5 被同伴挽救，并且打出黑桃一对 Q，庄家心中大悦，赶紧放入方片 10 和红桃 10。帮庄再出黑桃 10，庄家的梅花 10 也顺利将吃。连跑了 45 分后，庄家如释重负，开始打方片 A、Q、Q，然后观察防守方有可能接近断门，就又先打了红桃对 Q，领出再继续打红桃 A、7、7，方片 8、8、5、5，把两门分牌悉数吃进。

牌例 4-35-2（南家为庄）

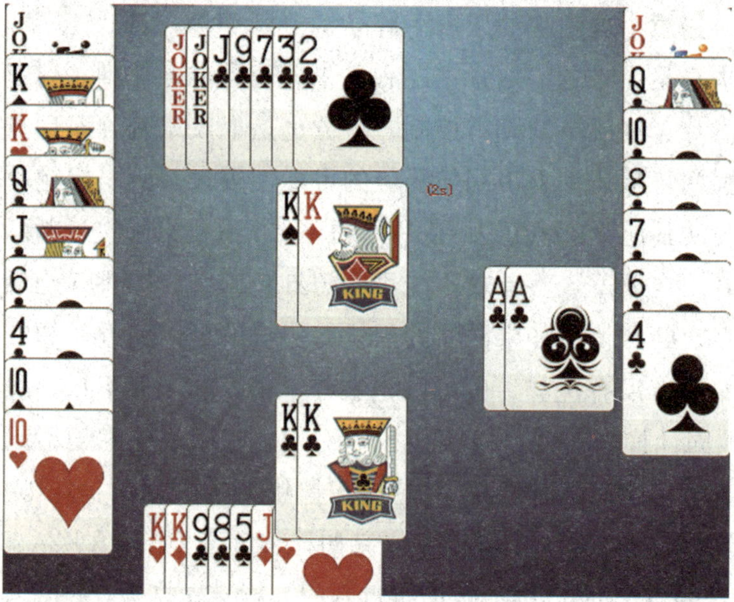

分析： 完成了副牌的大肆进攻以后，庄家完成最后一个任务，就是把两个梅花K清调出，再跑掉同伴手中的主分，此时防守方还一分没挣，台面上已经跑了80分，如果一对梅花K再吃进20分，就等于跑了120分，那么只要同伴有一张大牌，可以跑5分，就是大功告成。庄家的开局计划顺利完成了，最后防守方只挣到了35分，关于这样的牌型，大家一定要记住这样的行牌顺序，切不可先行长套留一手裸分等着对方蚕食。

牌例 4-36（南家为庄）

底牌：；亮主信息：本局打 3，庄家双反小王。

分析：有很多中等牌型，如果不下分不用开始就注定了失败，但是下分以后稍有不慎就会输掉双倍的利益，何去何从，很难选择，全凭庄家的能力和状态。这副牌必须下分，保底任务比较艰巨。首攻红桃 A，然后一对梅花 5 脱手。有很多后控选手红桃裸 A 都会留在手中做控制，为的是防止对方甩牌，减少将吃压力，此举有利有弊，到底是弊大利大全看同伴的牌型配合。东家一对梅花 9 进手后，打了一对黑桃 J，领出后继续出梅花 A、方片 A、方片对 8。庄家心中暗喜，所有自己希望看到的牌，都被东家流水一样打了出来，挖底大业就此完成了一半。帮庄红桃对 9 进手，继续出了红桃对 10，看庄家已先贴了方片 Q、J，又贴了黑桃 5 方片 K，便送了黑桃 Q，被西家黑桃 A 盖过。

分析：庄家虽然一直没有任何牌权，但是却牢牢掌握着控制的权力。西家的黑桃 A 进手后打出梅花 A，这时候庄家必须将吃了，因为两个大王的位置还没有明确。如果是两个配合默契的搭档，牌行到这个时候就等于全局控制了，庄家将吃后应该马上调一张主牌，帮庄大王进手应该继续清调，确保庄家在主牌上可以最终控制。看到这一定有人会说台上方的胜利一半是防守方送的，这句话没有错，东家第一次进手就出现了原则性的错误，无主的控制无论在哪个位置都不可以在首次进手的时候把大牌全部出尽，那就等于把控制送给了对方。如果东家进手就开始调主，台上方的控制就会难上加难，即便保住底也会在台面上失去很多控制的机会。

牌例 4-37-1（南家为庄）

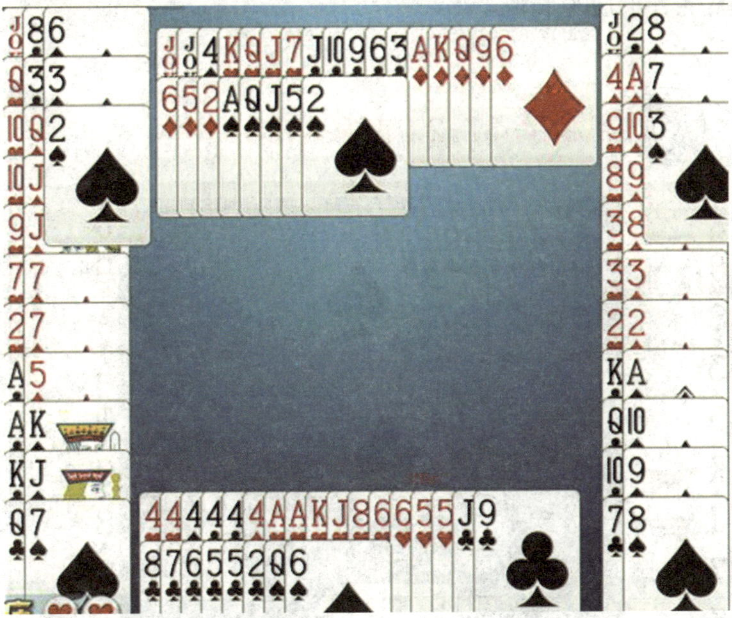

底牌：；亮主信息：本局打4，庄家双亮红桃4。

分析：这副牌庄家主牌强势，但副牌比较弱，控制成局和底牌归属毫无问题，在这局中我们要说几个庄位细节，这些细节都是比较重要的。庄家首攻主牌拖拉机，想看一下主分和主牌张数分布，有没有畸形分布来危害底牌，看到张数均匀和 30 分主分，庄家就非常轻松了，一对梅花 5 脱手。西家对梅花 A 进手兑现梅花 K 和梅花 Q，然后出了一对方片 J，庄家很高兴地贴掉了两张黑桃小牌，西家继续出方片对 7，庄家一对红桃 5 将吃，然后调主寻求帮庄的帮助。帮庄小王进手，分别打出黑桃 A 和方片 A，庄家贴了两张梅花，帮庄送黑桃 5 给庄家将吃。

牌例 4-37-2（南家为庄）

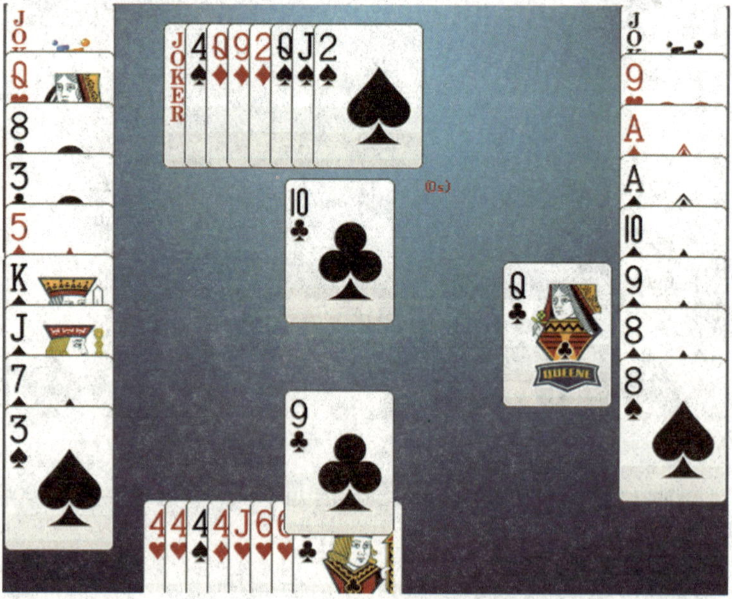

截图时分数：。

分析：庄家的手中还有两张梅花，且根据前期出牌，同伴并没有断掉这门花色而且明显有个梅花 10，如果梅花是一张可以选择先清调主牌，最后留一张主保底，打出一张梅花，但是两张就要先把无控的一张打出去，而且面上的分为 50，分数可控。如果一味地清调主牌令尾盘失控才是最不可取的做法，所以这个细节大家一定要注意。

牌例 4-38-1（南家为庄）

底牌：；亮主信息：本局打 K，庄家双反大王。

分析：无主分牌是最难控制的，不过自反大王是个完全的利好。不要觉得打 K，两个大王能清下主分就直接作为首攻，那样在同伴没有小王的情况下就会主牌失控，除非副牌完全无控或者自己持有一张小王。另外自己有两门长套，还要期待同伴的主牌为自己树立长套的失张以达到最终的控制。这副牌庄家首攻方片 A 带拖拉机，看到畸形分布，不能和同伴形成桥路，就再打了黑桃 A 带两对，外面只剩另一张黑桃 A 了，同伴跟到 Q、9、4，基本可以推测为断门，便出了黑桃 5 寻求帮助。同伴黑桃 K 将吃，西家小王盖过后打红桃对 6，庄家的红桃结构是四张带分便赌了同伴有大对子，果断地给了 10 分，在这副牌中无疑这个举动是正确的。帮庄进手后，用单 K 调主，是想告诉同伴，自己有小王而且主牌有长度，庄家会意，大王吃进再出大王清调，后甩出两张黑桃。

牌例 4-38-2（南家为庄）

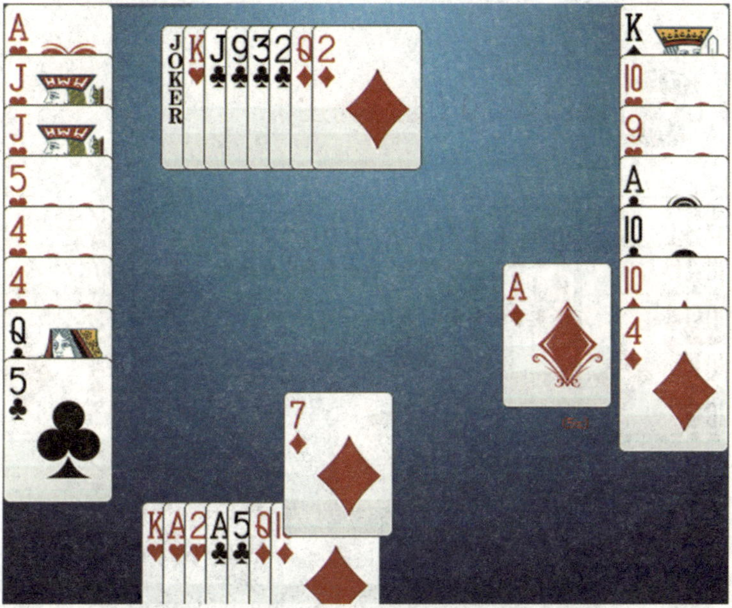

分析：在明确西家没有主牌后，庄家开始飞东家的方片 10。此时台面上只挣到 15 分。因为前期庄家的梅花 A 和红桃 A 都留做了控制，让东家简单地认为同伴那有这两门的大牌，为了出逃黑桃 K，他赶紧上了方片 A，打出梅花 A，再送梅花 10，没想到庄家深藏不露，用另一个梅花 A 吃进，再出方片 10 给同伴。通过上两轮梅花出过，帮庄的手牌已经呈现全控局势，他方片 Q 进手清调两张主牌，然后甩牌。全程台上方两人配合比较默契，没有给防守方什么机会，在主牌的利用上也比较恰当，错开了大牌实力。庄家的控制非常到位，行牌有序，前期规划和后期控制丝丝相扣，尤其最后的反打明手，角色转换得当，值得我们参考学习。

牌例 4-39（北家为庄）

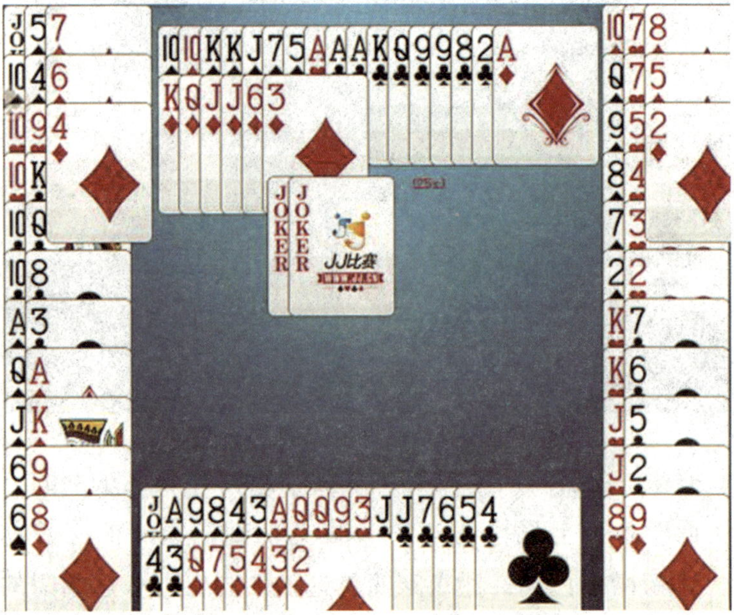

底牌：

；亮主信息：本局打 10，庄家双反大王。

分析：之所以找这样一副牌例，完全是为了加深上一副牌例我们所说的牌理，也是为把无主分牌的控制演绎得更加深刻。在上个牌例中，我说大王不可主动调出，以防主牌失控，也许有很多牌友会持反对意见，总是觉得一对王可以吃进60分是个完全的误区，我们看这副牌的主牌分布，这一对大王价值最多只是35分，那么主上的50分都完全属于失控状态，我想这个庄家也会后悔不已吧。

这副牌严格地说整体结构是强于上副牌例的，只是主牌分布有些畸形，这是一个庄家在首攻前期就应该充分考虑到的。那具体到行牌上到底应该怎么控制呢？首先建议红桃A下底，拿起一张小黑桃，首攻黑桃小牌看黑桃A的分布。即便西家为第一进手也没有太大关系，对于清调主牌他也会有几分忌惮，一对10等于羊入虎口，还会殃及同伴的主分，所以他也很可能选择按兵不动。看西家手牌，如果不调主牌，出什么都对庄家很有利。另一种情况，西家如果不进手，选择放黑桃小，那么同伴必进手，看同伴的牌型结构，一定会先调一个小王，主牌控制就会开解很多。红桃A的下底会使红桃的分布变得朦胧化，非常有利于对红桃K的控制，对方无论是AK还是一对K，都不敢轻易甩出，从而降低主牌将吃压力。如果庄家在细致中慢攻，成局的几率很大，这一对大王的出手，造成了防守方迅速得到80分，使一手强势副牌没了用武之地，奉劝大家不要做这样鲁莽的庄家。

控制是个耐心而又长久的工作，大刀阔斧的砍杀往往只能控制到一点一时，牌张价值很难达到最佳，在控制中实现价值，在价值中找到控制才是双升游戏的最高意境。

第5章

帮庄控制

帮庄的任务是配合，也就是所有的理念都要以庄家为中心，这个理解没有错误，也是众多牌手的共识。而我们要讲的是智控，那么无论哪个位置，都要有自己需要控制的一个层面，帮庄的位置当然也有专属的控制范围。

怎么能练就一个好的帮庄是很多牌手共同的难题，我给大家一个提示，如果想帮好，先要能坐好，只有坐好庄，才能在帮庄的位置上设身处地地体察坐庄计划，正确设定自己的控制范围，使己方的控制达到最佳。

5.1 定位

定位这个词被广泛应用于各个领域，所以其所涵盖的意义较为深远。品牌没有定位就不能占领市场；企业没有定位就不能发展扩大，人生没有定位就会怀才不遇；那么一个牌手如果不能根据自己的牌力和位置进行正确的定位，发挥就会出现偏差，从而影响整体牌局的正确走向。

具体到帮庄应该怎么给自己定位呢？这不是个简单笼统的事，要根据自己的手牌，根据庄家的首攻，根据对搭档的了解，根据防守方跟牌的号码等等，细微地观察判断，才能接近正确地定位自己的方向和控制力度。

一、帮带

帮带是帮庄最简单的行牌理论，就是帮着庄家去带牌，但是不能盲目，要审时度势，否则就会帮倒忙。

牌例 5-1（北家为庄）

底牌：；亮主信息：本局打 9，庄家双亮方片 9。

分析： 庄家首攻小主牌，大多数情况下都是希望同伴带牌，此时的帮庄对这种求助不可视而不见。但也不可大对小对通通打出，注意牌序，先打单 A，寻找庄家的断门和长套花色，对于不看大、手中又不能控分花色中的小对子还是要多加慎重，否则会给庄家主对造成负担。具体到这副牌例，庄家调主帮庄进手后，要先出梅花单A，然后出黑桃K找信号，看到庄家断门，可打对 A，后送黑桃 10。有的牌手可能会选择继续打黑桃第二对，这是不对的，怎么这么说呢？首先黑桃二对不见大，会给庄家选择造成难度，万一引起赌心加了一对红桃 10，后果简直不堪设想；其次自己手中的黑桃单 10 如果能活在庄家的主分里是效果最佳，连打两对，至少有一家对手会断掉黑桃，那样会给庄家造成将吃负担，不仅跑不掉主分，还要浪费一张大牌，得不偿失。那么黑桃对 4 和红桃对 3 什么时候可以打呢？如果庄家进手后再次脱手又是帮庄进手了，可以考虑打出不见大的小对。

二、帮立

立套是控制打法最常见的一种情况，因为长套的杀伤力经常强过主牌，它能使许多小牌升级为不可抵挡的大牌，所以帮庄在发现庄家立套的意图时要尽力帮助，不能自作主张，盲目带牌。

牌例 5-2（北家为庄）

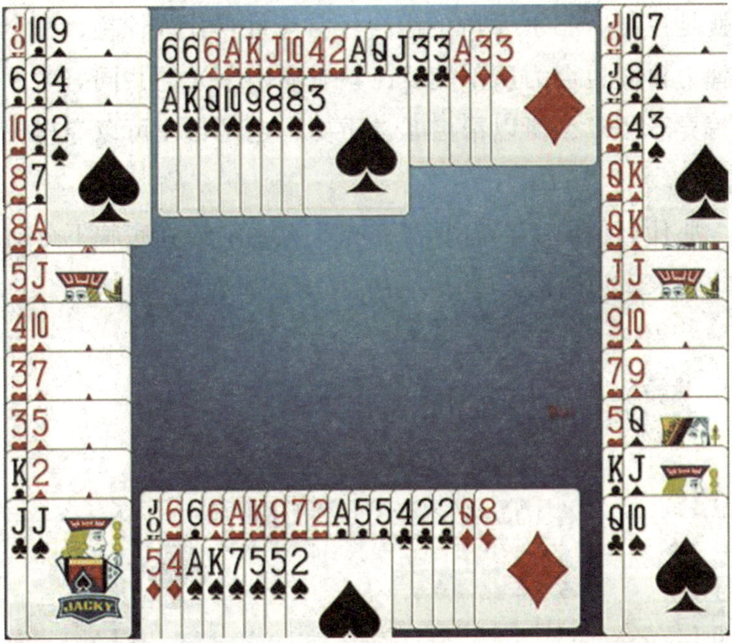

底牌：；亮主信息：本局打 6，东家单亮红桃 6。

分析： 这副牌庄家首攻黑桃小牌，旨在做套，想在对 6 的掩护下做大黑桃长套，进行甩牌。帮庄黑桃 K 进手后可以再打黑桃 A，需要记住的是，切不可打黑桃对 5。庄家小牌立套，套中必定含有对子，如果帮庄在不经意中把庄家的对子打下，套就不能成套，而变成了一把散牌，后期控制难度增大很多，而这一举动也很有可能成为胜负转折的关键点。

三、帮控

在我们所讲的双升体系中，一直在论述一个核心的问题，那就是控制。25 张手牌的组合经常奇妙得让人惊艳，一个人的牌力再高也会力所不能及，只有靠两个人的共同努力才能书写异彩华章，所以帮控非常重要，也是帮庄可以夺得头彩的重头戏。

那什么情况下，需要帮控呢？无主定约和底牌下分对帮控的要求最为严格。

牌例 5-3-1（南家为庄）

底牌：；亮主信息：本局打 5，庄家双反大王。

牌例 5-3-2（南家为庄）

分析：一个分析我们列了两幅图，目的就是看一下帮庄初期的手牌结构和出牌思路。庄家的主牌比较强劲，但是手分多存于长套中，没有下底的必要。在打完方片一对 K 以后，出小黑桃到帮庄的黑桃 A。这个帮庄非常聪明，跟庄家也是比较熟悉的搭档，他先打了方片 A、Q、Q，发现这门牌为庄家长套。此时判断庄家的黑桃、方片均为长套，那么梅花和红桃必是弱套，所以他留了红桃 A 没有动，作为控制，如果轻易动了防守方进手后带 K 甩牌就会给庄家造成将吃压力，无主的将牌张数偏少，将吃次数过多，主牌容易失控。无疑他的选择是正确的，台上方两人配合默契，从始至终掌握着牌局的走向，最终很好地赢得了胜利。

牌例 5-4（北家为庄）

底牌：；亮主信息：本局打 8，西家单亮梅花 8。

分析：牌行至此，帮庄第一次进手，他现在有很长的红桃长套，红桃 A 已经出了一个，对 K 是大牌，他先打了一对红桃 K，看到庄家贴出了黑桃 4 和 2，而且前期行牌的时候庄家也没有跟出大的分牌，由此可以断定，底牌是有分的。那么剩下的红桃对子还要打吗？答案一定是否定的。这个时候一张主牌没有清调过，对于庄家的主牌结构很难判断，为了可以控制底牌，调主为最佳选择，再打红桃对子就有可能减弱庄家在主牌上的控制。

5.2 关键

在帮庄的整体控制过程中，并不是寸土必争，一定要了解庄家的意图，根据自己的手牌有计划有步骤地兑现牌张价值，才成让帮扶的效果达到最佳。这确实是件复杂的事，要做得恰到好处，有几个关键点是我们必须要记住的。

一、进手时机

很多牌手认为帮庄的大牌是用来牺牲的，否则放在手里也是浪费，这种说法是不对的。我们手里的每个控制牌张都有它的自身价值，损失了任一张牌的自身价值，都可能会引起最终的失控，所以帮庄在进手的时候不能莽撞，而是要懂得循序渐进。

牌例 5-5（南家为庄）

底牌：；亮主信息：本局打 6，西家双亮红桃 6。

分析： 庄家首攻小主牌，再看自己的手牌结构，五个副牌 A 控可以初步断定，庄家期待自己的帮助。对于主牌弱势的自己来说，从主上进手不是很容易，两张大牌一定要节约使用，在东家没有出级牌的情况下，第一张要上级牌，不能直接出小王。有人会问：副牌这么多大牌，不上主牌最大的牌张，原因何在？小王不是最高牌权大家都应该知道，如果东家只出了小牌，小王就是浪费。自己的副牌结构很好，先失一手没有太大的妨碍，西家如果要盖这个级牌，就要牺牲王牌或拆掉对主 6，无论哪种情况对己方都是好消息，所以小王可以留做后期控制。

牌例 5-6（南家为庄）

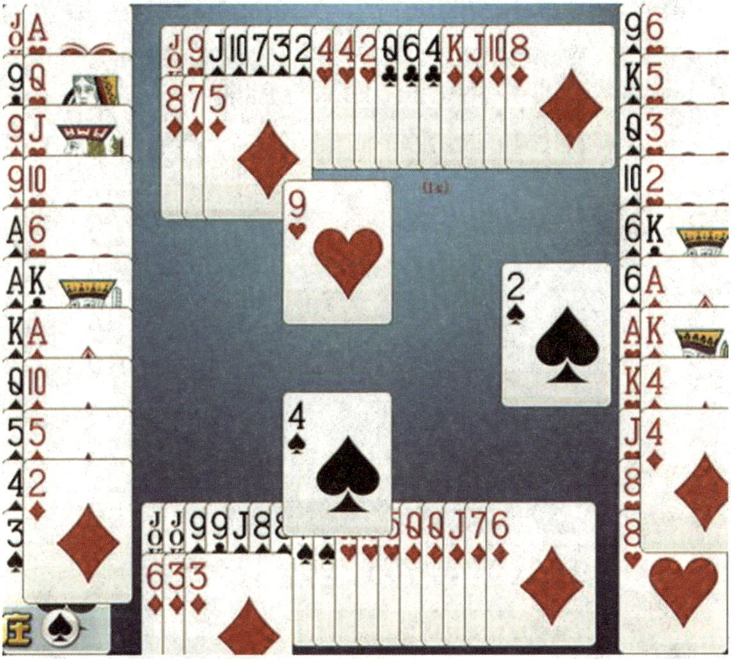

底牌：；亮主信息：本局打 9，庄家单亮黑桃 9。

分析： 庄家在出完梅花对 A、对 10 以后，小主送出。帮庄判断庄家一定是断梅花了，要不不可能先打这门花色的最高控制对 A。看帮庄的手牌结构，什么副牌都没有，唯一能打的就是不看大的红桃对 4，所以大王是不能出的，上个级牌看看情况。如果级牌可以进手，也不能先打红桃对 4，在梅花两个 K 都没见的情况下，要先送梅花小牌，一方面告诉同伴，我没有什么牌可以带的，第二先歼灭两个梅花 K，以防后患。

牌例 5-7（南家为庄）

底牌：；亮主：本局打 7，庄家单亮梅花 7。

分析： 庄家首攻小主，这个牌型帮庄的大王就没有留着控牌的道理了，即便东家不出级牌，大王也要出手。其原因在于，不仅副牌可以连打的张数较多，主牌的结构也使出大王成为必要。

二、清主

断门将吃是台上方的最大优势，所以对于主牌的清调应该有比较严格的认知，尤其是在帮庄的位置上，在自己毫无控制的情况下，不能随意清调主牌，主对更是个禁区，没有庄家的解禁，不能增加不必要的负担。相反，一旦庄家给出清主信息，帮庄也应该给予支持。

牌例 5-8（南家为庄）

底牌：亮主信息：本局打 6，东家单亮黑桃 6。

分析： 我们看这手牌，帮庄有 2 对主，主牌偏长。庄家首攻梅花两对，然后送小梅花让帮庄将吃。帮庄从梅花面上的分数来看，应该判断底牌下分可能性很大，很多牌手为了能活主牌对 K，会在进手后清调一对主，这是万万不能的。就这副牌而言,如果调了主对,就等于把庄家的底调给了对方，而且主牌上两对，本身对 K 存活概率很大，庄家即便没有底牌压力，也需要留有主对将吃断门的分牌，所以帮庄的一举一动都要慎而又慎，切不可一不小心做了叛将，不仅影响一局牌的输赢，还会影响搭档间的默契。

牌例 5-9（南家为庄）

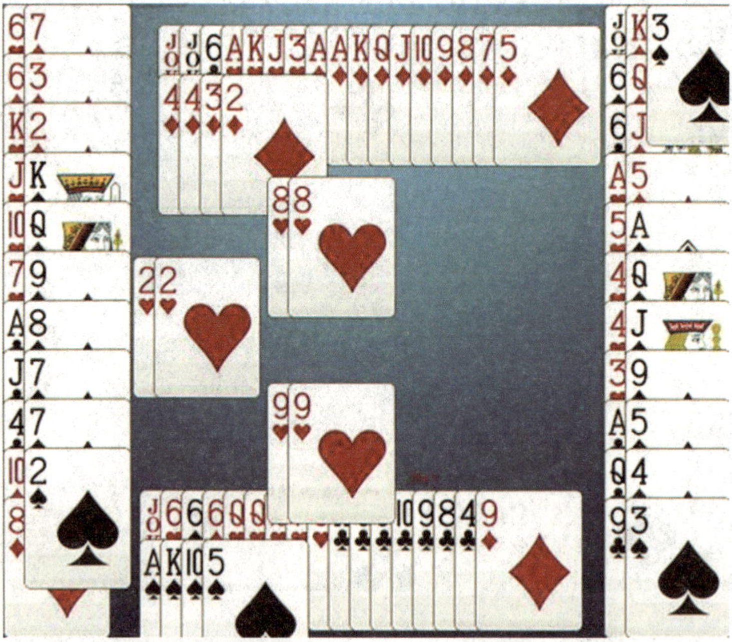

底牌：；亮主信息：本局打 6，南家单亮红桃 6。

分析： 庄家出了一对梅花 7 后，直接调主对。帮庄进手后应该很清楚，庄家意在清主，手中一定有长套需要兑现，要不根本不可能在行牌初期就主动调一对主，这一对就是清主信号。而帮庄此时的策略就是尽自己所能地跟着庄家调主，但要看庄家主牌号码，不可蛮调。

三、关键号码

在智控双升中牌张号码是至关重要的，想成为一个大师也要从号码的关注度开始。好的帮庄不仅要关注自己所缺手牌号码，还要敏感地体察到庄家在寻找什么，需要看到什么，如果是自己有的，一定毫无保留，自己没有也要帮忙众里寻他。

牌例 5-10（南家为庄）

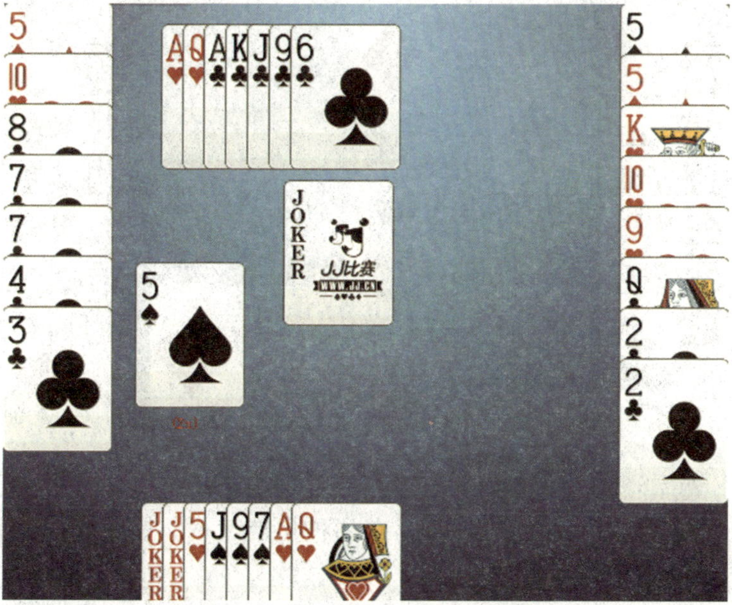

底牌：；亮主信息：本局打5，庄家双反大王。

分析： 庄家双反大王，北家手中悄悄持有两个小王。前期一直在出副牌，庄家没敢动主，最主要的就是不知道小王的坐向，怕主上失去控制。东家进手甩牌，北家先带小王将吃而后用另一张小王清调一张，让庄家一目了然主牌的分布，从容地把尾盘控制在自己的节奏。牌张号码包括主牌也包括副牌，在这副牌中小王就是庄家要寻找的号码。

牌例 5-11（北家为庄）

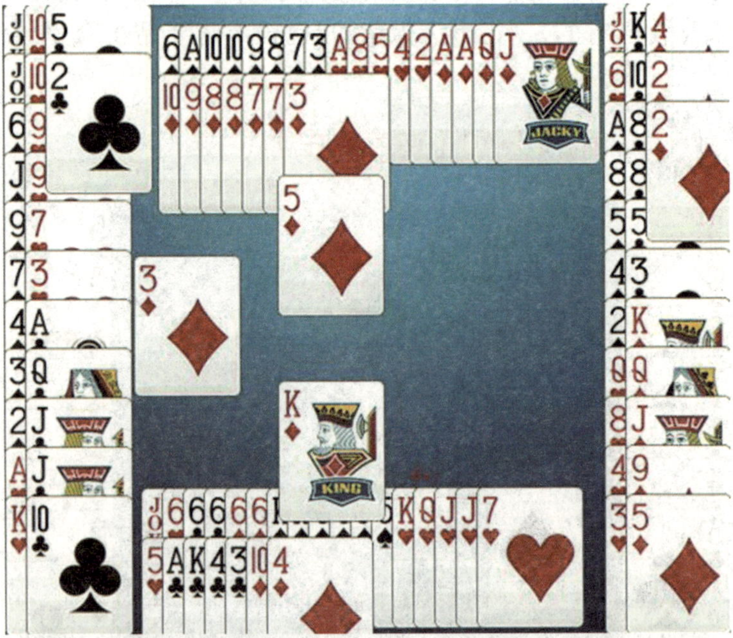

底牌：；亮主信息：本局打6，庄家单亮黑桃6。

分析： 庄家首攻方片5，有两种可能，一个是做套找号码，另一个是裸5倒挂。看自己的手牌结构，方片短得有点离奇，所以第一种可能基本是必然的。当然无论基于哪种情况，帮庄这个方片K都是必上的，因为它既是自己手牌方片号码的最大张，也很可能就是庄家所需要的号码，我们只是用这个例子来说明一下号码的重要性。看庄家的牌方片为大长套，首攻5，在同伴有K的情况下，可以直接进手，帮忙带走散牌，幸运的话还可以暴露断门跑掉主分，当然做大方片10直接跟着拖拉机一起是最佳效果，此一举三得一定是大师所为。

四、妙传

有一套强劲的副牌，其他牌为弱势的庄家更需要一个好的帮家来配合。可能会有人问，副牌强劲就先出副牌呗，要什么配合呀？我们来讲一下道理：这种弱势牌型，下分的可能几乎为零，按道理讲没有手分的可能也几乎为零，先打副牌，就会造成裸分成灾，防守方很可能每个人在庄家出套的过程中都断掉不相同的一门牌，那么主的弱势就会在后期更加显著，主分无处可逃，进而失掉牌局。强劲的副牌不仅没有发挥它本身所具有的价值，反而遭到不合理的贬值，而这样控牌的庄家也只能算个娱乐牌手而已。

说完了庄家的控牌，我们再说帮庄的配合。在前期行牌过程中，帮家要尽可能地先出大牌让庄家跑掉副牌裸分，然后再送断门给庄家主分将吃的机会，当这些任务完成后，送庄家兑现长套是个硬功夫，集判断、观察、牌感于一身，缺一不可。就像世界杯赛场上梅西的绝佳妙传，使球迷们疯狂的不是进球的弧度而是传球的风范。

牌例 5-12（南家为庄）

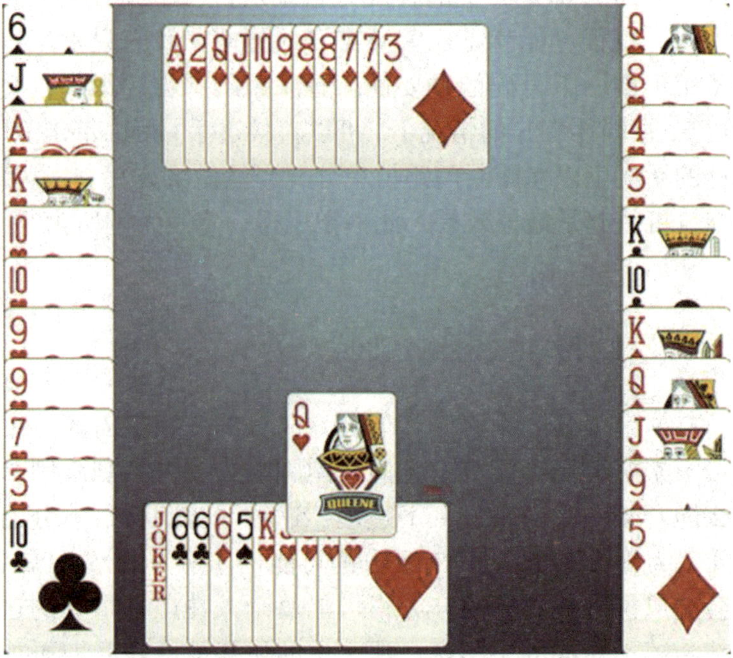

底牌：；亮主信息：本局打 6，庄家单亮黑桃 6。

分析：这副牌例跟牌例 5-11 是同一个牌例，只不过是行牌的后半部分。庄家亮的黑桃 6，我们在亮主一节讲过，本书会大大忽略亮主的重要性，所以庄家的主牌弱势也就同时可以忽略了。除了方片的超长套这手牌没有什么可以圈点的地方，所以怎么能发挥长套的价值庄家已经用尽心力。帮庄从首攻就了解到同伴的意图，进手后用梅花 A 带走了庄家的红桃单分，又送梅花 K 给庄家进手跑掉主分，然后再次进手又用主牌拖拉机进行清调，此时万事俱备，只差传牌。除了方片以外，庄家只留了红桃，而且没有主动出过，可以判断，庄家手上应该有一张红桃的控牌，此时只能送红桃。果真，庄家用红桃 A 进手，兑现了方片长套，打成帮庄全控的牌型，最后完成大光定约。

牌例 5-13（北家为庄）

底牌：；亮主信息：本局打 9，西家单亮梅花 9。

分析： 牌到尾盘，传牌十分重要。前期的行牌过程中，已经明确的是东家断主，庄家红桃为长套，且基本已成功树立，手中有一张主的大牌，王和级牌不确定。现在牌权在帮庄手中，他应该送什么呢？送方片为最佳，理由呢？方片虽为绝牌，但却是一张副牌，西家断主，庄家位置在东家之后，万一小王在东家，那么庄家的主牌就可以得到升级，东家不可能用小王将吃，庄家怎么都可以进手兑现长套。如果送主牌，在小王和级牌异位的情况下，就会造成无法弥补的损失。那送红桃呢？红桃已经出过三轮，在外面还有多张主牌的情况下送红桃是最不可取的，完全是一种扰乱坐庄计划的行为，若被敌人将吃后清主，就会给牌局带来毁灭性转折，所以帮庄尾盘的清醒传牌经常是成功与失败的关键。

牌例 5-14（南家为庄）

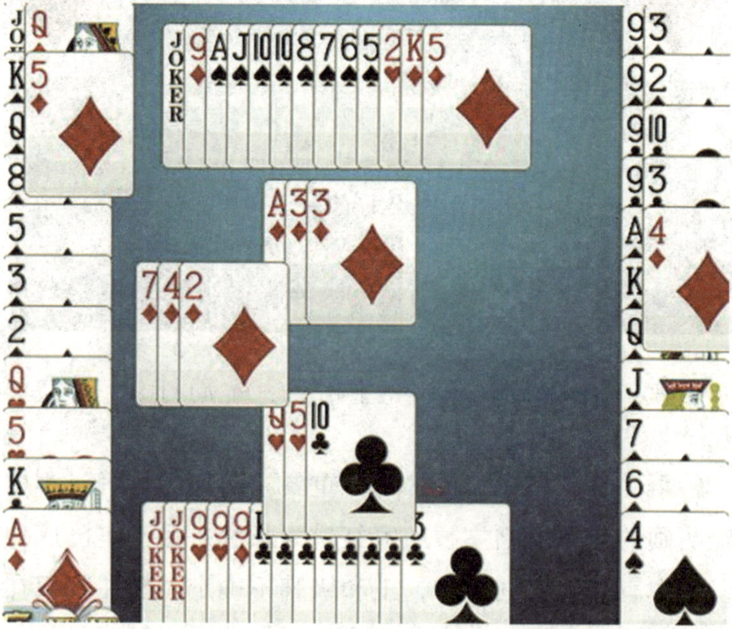

底牌：；亮主信息：本局打9，庄家双反大王。

分析：这副牌庄家首攻的红桃拖拉机，而后找的梅花小牌。帮庄梅花A进手后，出了一对方片8，被东家盖住；东家出梅花对，北家再次进手，用方片第二对为庄家带走多余散牌。现在看庄家贴牌已经贴了明大的红桃Q，这就说明庄家的手牌已经不用再带了，此时如果你是帮庄你出什么？有人会说出黑桃A，这是不对的。从始至终庄家一张黑桃没有贴过，证明他是断黑桃的；而梅花为长套，现在已经贴了梅花10，证明庄家除了梅花就是主牌了。通过这个分析，我想大家都应该知道出什么了，那就是用小王清调主牌，然后再用级牌9送出，完成最后一个任务，庄家大王接手清光主牌，甩梅花。

五、反客为主

反客为主的意思指的是帮庄用牌语告诉了庄家自己牌的强势，而希望庄家能以自己为主，在桥牌中称为反打明手。用什么样的牌语呢？第一，庄家亮主，帮庄反主。对于亮主我们虽然不强调优势，但是帮庄如果反了庄家的主牌，那就是牌力的象征了，此时的庄家应该审时度势，不能硬撑，调整位置和心态。第二，帮庄出牌与应牌明显与庄家逆势，这也是一种牌语，告诉庄家自己的强势。但无论哪种情况，只要庄家还坚持自己的行牌思路，帮庄就不能强人所难，不可跃跃欲试，毕竟8张底牌和首攻的优势在于庄家，没有明手之前我们都不能真正看到怎么控制才是最佳，所以逞一时之强是一件毫无意义的事，只有同心协力才能有所收益。

牌例 5-15（南家为庄）

底牌：；亮主信息：本局打 8，庄家双亮梅花 8。

分析： 庄家首攻黑桃 A 后用级牌调主，然后小主送出，想探寻大王的分布情况。帮庄拆大王进手后，没有继续调主，而是先打了黑桃带断了庄家的方片，然后送方片给庄家将吃。

看到帮庄这种打法，庄家应该知道己方已经完全控制了主牌结构，再次进手直接打红桃，不用再进行主牌的清调。

5.3 细节

双升是靠细节来主导趋势的，打过开闭室的牌手都应该明白，同样的一副牌为什么有的牌手能打出小光，而有的牌手只能控制在 70 分，究其原因就是细节控制的差别。每个位置的牌手都有需要注意的细节问题，那为何我们只在帮庄单列一节讲解呢，因为帮庄的位置所要讲的细节都带有指令性，也就是说帮庄比其他三个方位要有一种类似于纪律的约束，有时一时的痛快会带来无法想象的损失。

一、选择

需要选择的时候都是慎重的时候，因为选择这个词就容不得半点将就，帮庄的位置更是要多加一分全面考虑。

牌例 5-16（北家为庄）

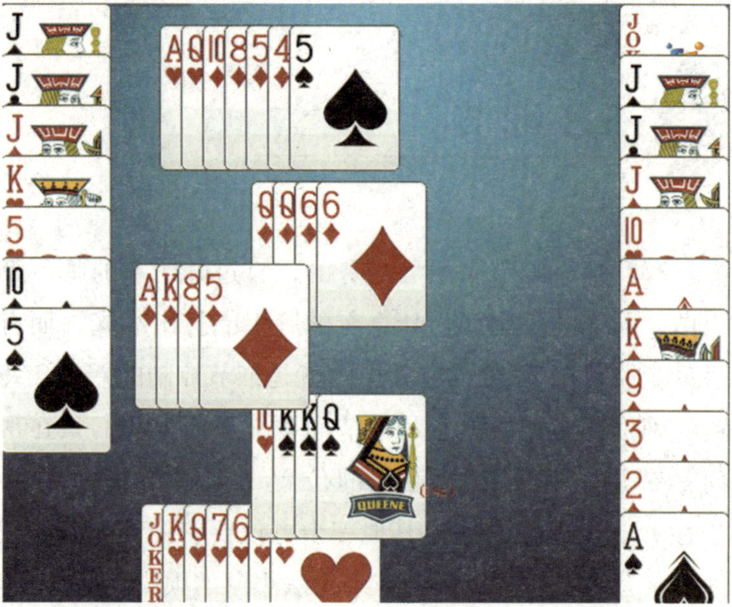

底牌：；亮主信息：本局打 J，庄家双亮红桃 J。

分析：庄家首攻黑桃 A 而后清调了主牌拖拉机，又打了两个梅花拖拉机，根据贴牌，又把明大的两对方片打出。帮庄在梅花拖拉机中已经贴完了散分闲牌，现在贴牌的选择非常重要。前期东家已经贴了三张黑桃，说明他的黑桃张数已经很少了，这一轮他无疑也会断掉黑桃。自己主牌号码很单薄，除了大王基本没什么竞争力，那自己就是贴断了黑桃，也很难控制后面的牌局。庄家一直在出大牌，手中副牌的散分还没有机会跑掉。另外，黑桃对 K 为大牌，在同伴已经清调完主牌拖拉机后更是难得的控制牌，所以这轮应该选择贴掉散主和主分，大王进手后再打出黑桃对 K，把庄家的手分跑掉，把牌局的控制坚持到最后。需要注意的是黑桃 Q 也要留在手中，原因有二，一是如果庄家误会而回黑桃单牌，还可以留有一轮余地；二是如果东家的黑桃 A 可以贴出，还可以多一张控制号码。

二、减负

为庄家减负是帮庄义不容辞的责任和义务，尤其是在底牌有分的时候，不要盲目让庄家将吃，而过多地消耗控制能力。

牌例 5-17（南家为庄）

底牌：；亮主信息：本局打 3，庄家双反大王。

分析：庄家首攻方片对 K，然后对梅花 5 脱手。东家梅花对 A 进手，打黑桃对 4，帮庄北家黑桃对 10 盖住，拿到牌权。他兑现梅花 K 后打梅花 10 给庄家将吃。庄家进手打方片 A、9、9 后，看到方片还没有能打通，就打了一张小方片，其目的不是为了与同伴形成交叉将吃状态，而是想做大剩余的方片散牌。这时候帮庄应该很明白，庄家基本等于断了两门牌，底牌是有分的，所以就要尽可能地减少庄家将吃，不仅不能拆打两个红桃 5，反而应该打出一对，既可以帮庄家带走多余散牌，还可以打掉对方红桃花色中的对子，以降低对扣概率。打无主牌型，底牌有分，过多地让庄家将吃就等于帮防守方侵蚀己方的主牌，庄家就是主牌再强也不可能从头至尾控制 25 手，这是帮庄需要注意的一大细节。

三、严谨

帮庄的分对始终都应该控制在严谨的范围内，不仅要顾忌是否明大，还要顾忌是不是对方的断门，时刻都记住不要让帮扶演化成为帮倒忙。

牌例 5-18（南家为庄）

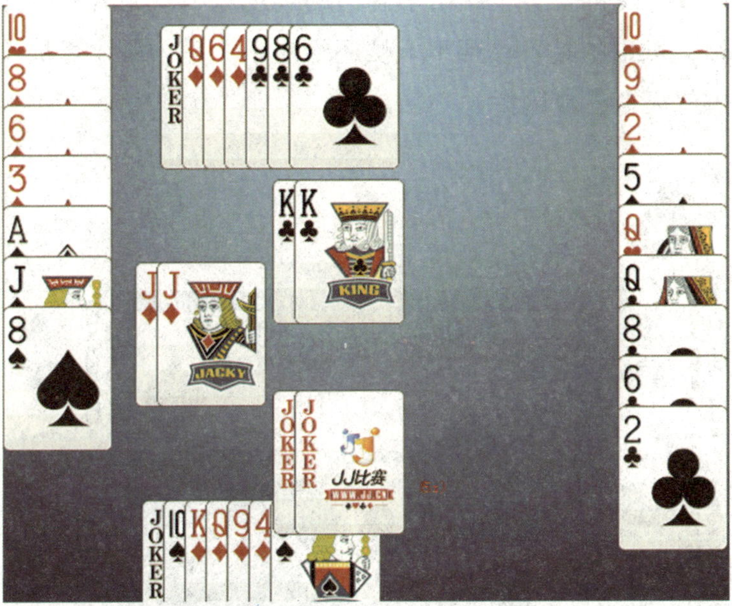

底牌：；亮主信息：本局打 10，庄家双亮方片 10。

分析： 牌行到中尾盘，只清调过一对主，四家全有主对，在这种极其危险的情况下，这对梅花 K 是怎么也不能出手的。这副牌庄家主虽强势，但是底牌并没有下分，所以即便逼下了庄家的一对大王，也没有造成太大的损失，如果附带保底责任，台面上与底牌的分就要二选一，结果无法预料。帮庄的位置是个谨慎的位置，尤其是在中尾盘，不能容得半点侥幸。

四、添乱

在帮庄的位置上，由于牌力的客观原因，无力可帮并不可怕，可怕的是不单帮不上忙还给庄家添乱，那才真是长他人志气灭自己威风！

牌例 5-19（北家为庄）

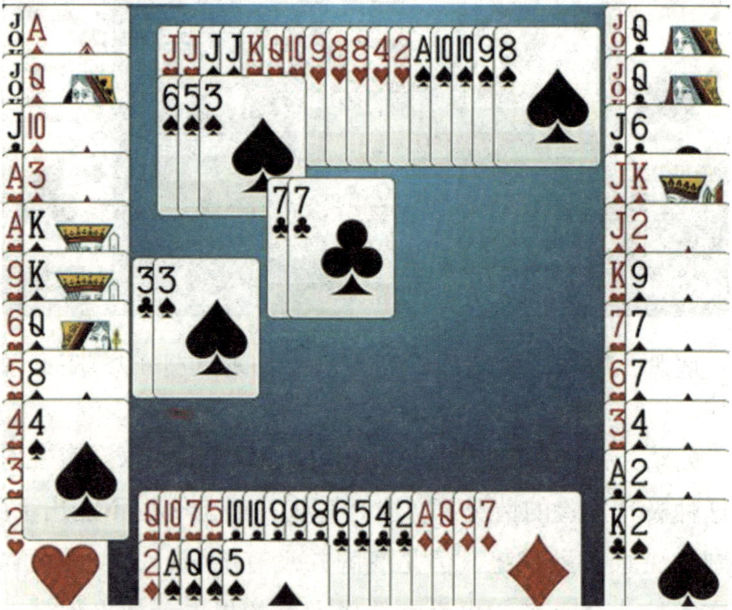

底牌：；亮主信息：本局打 J，庄家双亮红桃 J。

分析：庄家首攻方片对 8，领出后打梅花 A，然后出梅花对 7。南家的梅花是拖拉机，此时一定要判断分析一下出梅花对 9 还是对 10。首先，能管梅花对 10 的只有梅花对 Q，西家只有两张梅花分别是 2 和 3，庄家先出 A，自己给的 K，如果有对 Q 会先打出，那么东家有对 Q 的几率很大，闯对梅花 10 很可能被擒住；其次，西家断梅花，自己位于西家之下，梅花又有长度，对 10 留在手中危险并不大，除了存活于梅花这个花色中以外，以自己的主牌结构看，庄家双亮的主牌一定有些强度，梅花对 10 后期也可以活于庄家的主牌中，所以这个时候还是出梅花对 9 才能不构成添乱的局势。

牌例 5-20（南家为庄）

底牌：

；亮主信息：本局打 8，庄家单亮方片 8。

截图时台面分数：

。

分析：庄家在前期行牌过程中发现了帮庄的主牌力度非常薄弱，梅花 Q 完全不可能借助帮庄将吃的力量了，所以只能用清调主牌的方式，争取最后的牌权控制。庄家出这张级牌的时候，外面还有四个王，我们看帮庄手中还有五张主牌，这个 10 无疑是个非常添乱的举动，台面上已经有 60 分了，这个 10 无疑是直接逼着庄家退了位。如果判断出庄家的底牌有分，这个举动无疑是有些道理的，但在前半程的副牌处理过程中，底牌无分已经很明确了，所以这个时候的帮庄完全视同倒戈论处。

5.4 牌型分析

前三节我们讲述了帮庄位置的控制要点，牌型分析比较有针对性，这节我们举一些较为常见的牌例具体情况具体分析。牌例之中如果何涉及到庄位知识的枝端末节，也会加以详细的讲解，以便让大家更多更广泛地理解位置与控制。

一、灵活

很多牌手打牌都是相当拘泥的，拘泥于信号，拘泥于固定的模式，这些偏固定的东西往往会禁锢了活的牌局，而让本身活灵活现的牌张变成没有一点朝气的附属品。我们讲控制，讲关键点，却不赞成一成不变的打法，所以怎样能把所学的东西灵活运用是一项很重要的技能。

牌例 5-21（北家为庄）

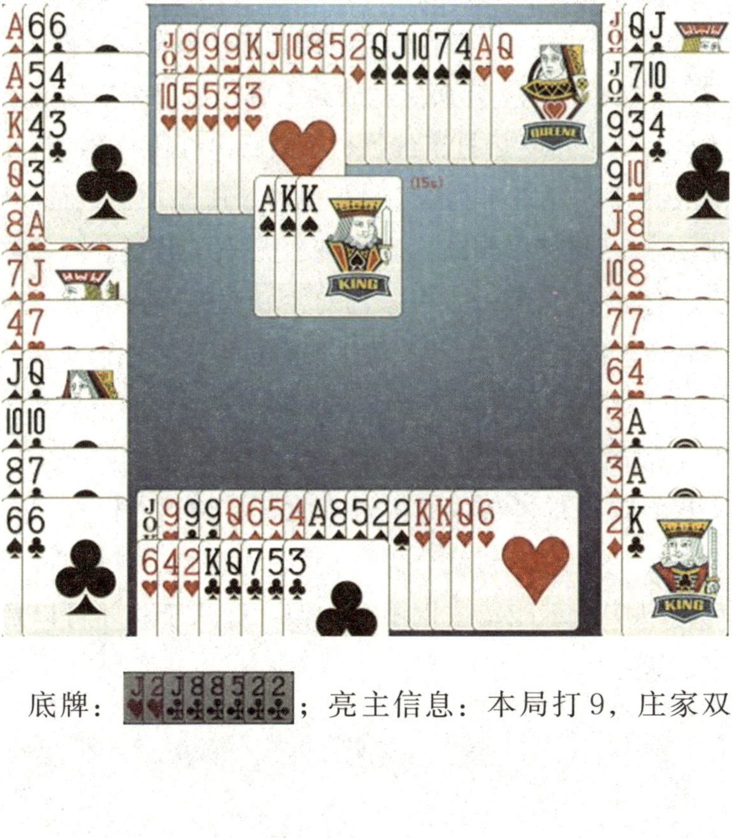

底牌：；亮主信息：本局打 9，庄家双亮

方片 9。

分析：这是一对陌生搭档，庄家是个以双升为娱乐的普通牌手，而帮庄是个大师级牌手，我来叙述整体牌局进程，我们一起看一下帮庄功力。庄家首攻黑桃 A、K、K，然后调小主脱手。结合庄家的手牌，这个首攻并不好，黑桃不是断门，攻了 A、K、K，马上调主会让帮庄误解黑桃是桥。我想庄家这么出一定是怕一对 K 不出存在危机，如果以后大家遇到这样的牌型要先打对 K，留 A 做控，既屏蔽了险情，又不会造成断桥。帮庄第一次级牌进手出了黑桃 A，东家将吃后出梅花 AAK，庄家用两个主 9 带一张方片 10 将吃。我们看帮庄这个时候一定不能给出梅花 K，而是要跟梅花 7、5、3，因为梅花 K、Q 而后就成为大牌，可以为庄家带走副牌单分。庄家将吃后打了红桃 A，然后出红桃对 3，帮庄红桃对 K 进手，兑现了梅花 K、Q 甩牌，庄家贴了红桃 10 和黑桃 10，以此可以判断，底牌基本无分。由于上一手红桃东家已经跟到了 A、J，庄家的对主 9 已经将吃出手，所以可以断定没有其他主对了，帮庄先用对梅花 9 进行清调，然后打出红桃第二对，歼灭了所有红桃分，使台面上分数已经不够，完成了坐庄计划。

我们曾经讲过帮庄的主对不能轻易调出，但在这副牌中，帮庄的主对不调就会失分，所以我们在行牌的过程中要尊重事实，不能冒进也不可拘泥，服从于牌才可以控制出好的牌局。

二、大牌

大牌都有很高的价值，前面讲过怎么能升级有价值的牌张来确保帮庄的进手，而这一副牌例我们来讲大牌怎么能够发挥最大的作用。

牌例 5-22（南家为庄）

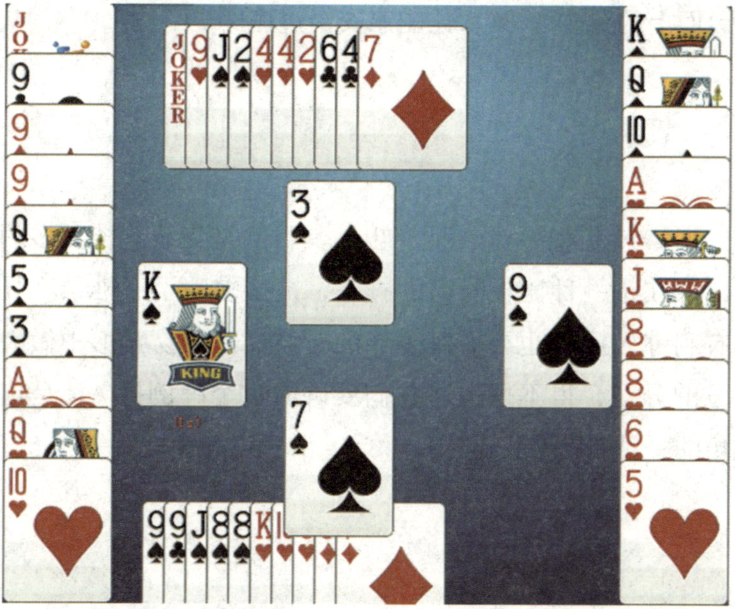

底牌：；亮主信息：本局打 9，庄家单亮黑桃 9。

分析： 牌行到这个时候，台面上只挣到 10 分，我想很多牌手都会有小光梦想吧。如果处在帮庄的位置，庄家用小牌调主，在东家给了黑桃 9 的时候，大多数人都会上大王。这个时候出这个大王有价值吗？不要天真地认为，西家的黑桃 K 会放在自己的大王里。这个帮庄没有上大王是对的，因为这时出大王就等于切了一团空气，没有一丝一毫的价值可言，进手后也没有牌可打，还是把牌权送到防守方手中，不如观望一下。东家进手后出了红桃 A、8、8，而后甩红桃 K、J，这时帮庄的大王派上了极好的用场，带大王将吃两张红桃，使台面上的分少于 80，让庄家安全过庄。

三、拆 A

拆 A 就是把一对 A 拆开出，其目的是为了跑掉更多的分牌，现在是一种比较时尚的打法，被很多牌手所推崇。凡事都有利弊，拆 A 也要看牌，有的时候反而容易无形中做大了对方的分对，得不偿失。我们要讲的这个牌例拆 A，是值得效仿的一种打法。

牌例 5-23（南家为庄）

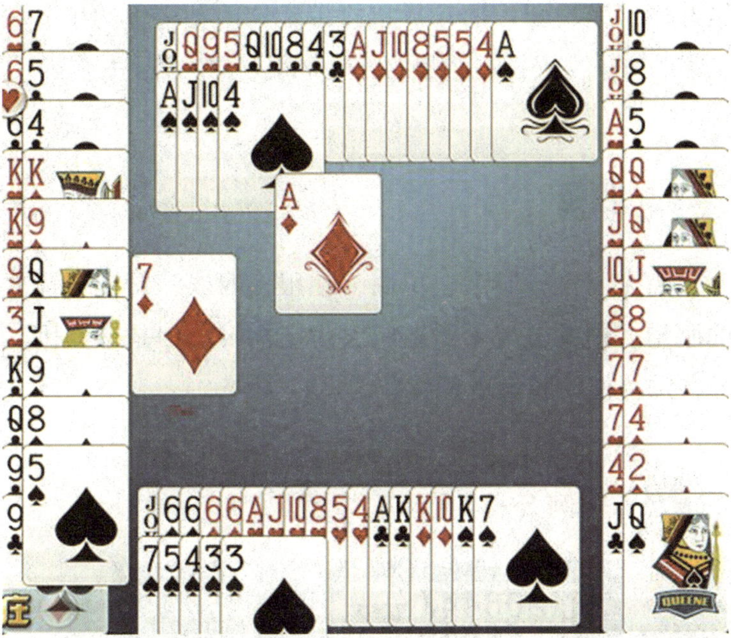

底牌：；亮主信息：本局打 6，西家双亮红桃 6。

分析： 庄家和帮庄是固定搭档，先不说行牌，就庄家的底牌很多牌手都会觉得够奇葩。裸分加裸分的结构是少有的下底方式，也是没有牌感的人很难做到的。无奈的庄家先调小主向同伴求助，帮庄 6 进手后先出了梅花 A，庄家给的 2；又出了黑桃 K，庄家给的 10；由此帮庄判断方片很可能是庄家的长套，因为两门都没有信号就等于没有任何控制，那么方片一定为套了，为了不破坏庄家的长套结构，帮庄主动拆了一对 A。

虽然这种结果是牌张局限造成的误区，但这种打法是值得借鉴的。拆A的这门花色庄家不为长套，那么两个A带走了裸分，也是好事，是长套，把A拆单打带走这门花色中的单分，留着庄家的对子再去控制对手的分是个很好的决策。

四、胆量

艺高人胆大，胆大艺更高，在很多时候，帮庄也需要一定的胆量。别的位置不需要吗？肯定需要，但是帮庄因其位置的特殊，他的胆量也是特殊的。

牌例 5-24（北家为庄）

底牌：

；亮主信息：本局打 7，西家双亮红桃 7。

分析：这副牌防守方的主牌比较强悍，前期一直在清调主牌，最终变成了这个局面，此时台面上已经挣到了 60 分，西家也已经出过一对梅花，被庄家管上，这是第二对梅花。根据前期调主的号码，帮庄已经分析出同伴的主也应该是劣势，同时梅花是庄家的长套也已经显而易见，那么此时如果不勇敢地加入这致命的 20 分，一定就是败局了。当然我们看到庄家的手牌结构，知道这 20 分是一定能跑掉的，但是帮庄在加分的时候他并不知道结局，所以我们应该给这种勇气点赞。

五、挽救

在很多网络平台上，我们都会打一些固定的比赛，这些比赛都会采取瑞士移位的原则，也就是我们碰上的搭档是不固定的，在帮庄位上，经常难免和一个无厘头的庄家做搭档，他们打牌全是匹夫之勇，使整体牌局笼罩在砍杀声中，直到自己毫无力气才肯罢手，完全不会考虑还有个搭档坐在对面。在这种情况下挽救局面是一个考验，也是一个难得的锻炼。

牌例 5-25-1（南家为庄）

底牌：；亮主信息：本局打 2，庄家单亮梅花 2。

分析：从下底到首攻都能发现庄家不太在行，黑桃两对带对 K 应该是首选长套却埋于底牌中，留有两个裸对横冲直闯，对 K 出门被擒还搭上一对 10，损失惨不忍睹，本身这就是可以避免的。东家黑桃对 A 进手后出红桃对 8，庄家居然直接对梅花 9 将吃，浪费了一对红桃 A。前两手帮家就能清晰地判断出，这是个蛮干的庄家，出牌全无牌理可言，如果想赢得胜局，就要靠自己掌握节奏。庄家将吃红桃后，打出黑桃对 6，然后又打了方片 A 带两对，第 2 对被东家对梅花 5 将吃。东家再打红桃对 3，双方你来我往，在副对与主对中拼杀，完全不是在控制，而是在斗勇，帮庄的大牌全都被小对侵蚀，半点效力也没发挥出。红桃对 3 领出后，东家再打红桃小牌，庄家居然用级牌 2 将吃，而后小主牌脱手。帮庄第一次进手，这时他出了红桃 Q 就只有主牌了，他必须把自己先打成全主，才能很好地控制牌局的后半程，便直接倒挂了红桃 Q。庄家将吃后继续调主，如下图。

牌例 5-25-2（南家为庄）

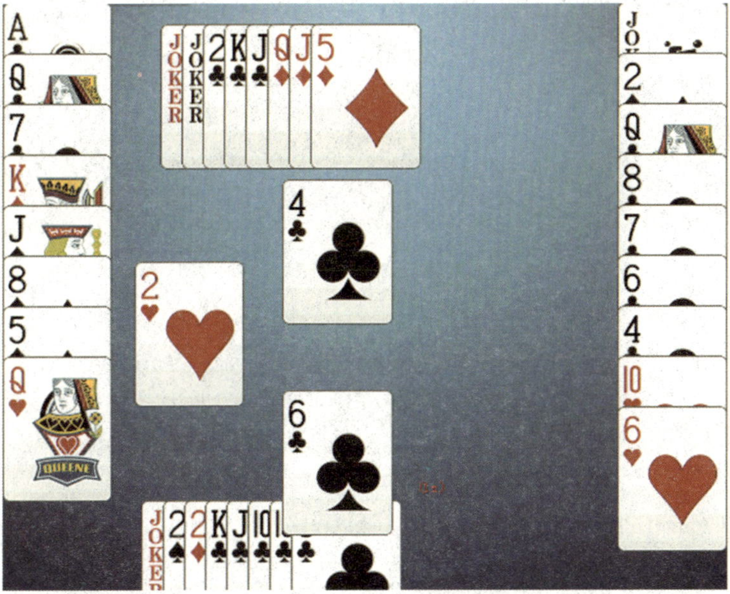

分析：帮庄手里持有主分30，此时西家的级牌必须选择放过。前期看出牌号码庄家手中明显还有梅花小牌，而在方片K没有出的情况下不去找，却一直调主，而且在将吃红桃的时候一直没有出的是大牌，没有出主分，这都是潜在的危机，所以帮庄这时必须留住主上制控而控制后面的分牌，这个选择非常正确。西家进手出方片K，帮庄用2将吃，东家盖小王，再出红桃，庄家居然莫名其妙地出了大王，帮庄顺势跑了梅花K，到这张，帮庄终于提心吊胆地达到了全控局面，明明小光的台面，最后却是险胜。

第6章

防守攻略

大家都愿意坐庄，其根本原因就是坐庄可以率先兑现大牌利益，而防守却是抱着后发制人的令牌等着属于自己的战机，经常等到行使牌权时已然大势已去，所以防守的控制往往是被动的。

比起台上方，防守位需要更加珍惜时机，因为获得牌权都要耗费较大的控制牌张，所以牌张价值也更加重要，且如果再次陷入失手的局面就会随之丧失加倍的利益。

防守方是获取分数的一方，所以分是根本。但每次进手，分并不是唯一目的，什么是目的呢？跟其他方位一样，控制是目的。一张大牌主动出也许可以得到 10 分，但是控制住了一门牌，所能获得的远远不止这 10 分，我们所要学会的是真正的控制，而分仅仅是控制的一部分。

6.1 方位

防守方分为两个位置，一个是庄上家，一个是庄下家。两个人因位置的不同，其防守任务也不同，庄上家由于其先于庄家出牌带有牌张隐蔽性所以适合攻庄；台下方可以后于庄家出牌，可以伺机勘查庄家的意图和坐庄计划，所以适合制定比较深入的防守策略。但二者不可分割，必须从心理到牌张控制力上予以互补，才能更加彻底地抵御台上方的频频进攻，不断扩大己方的利益。

一、庄下家

我们从庄下家的位置开始讲，就是因为庄家首攻之后出第一张牌的是庄下家，所以第一个判断也要从庄下家开始。进手与否以及牌权的掌握都需要正确地分析和判断。

牌例 6-1（东家为庄）

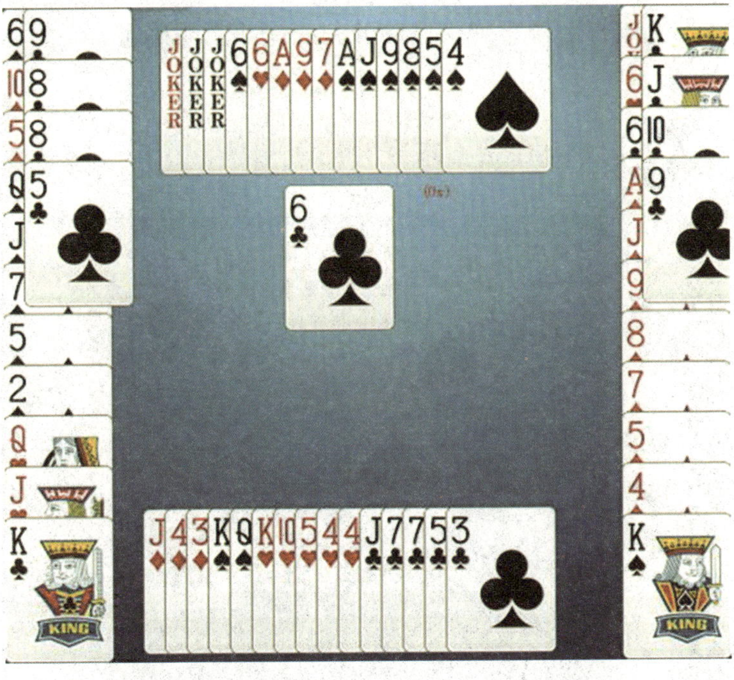

底牌：；亮主信息：本局打 6，北家双亮方片 6。

分析： 北家为庄下家，此时牌权在手，他应该出什么呢？

我们看他的主牌很强，一对主 6 已经调出以后还有五张可控制的大牌。庄家的底牌有没有分还没有明确的判断，所以保存实力是非常必要的，不仅不能用级牌调主，甚至都不应该动主，而是应该想尽办法让同伴进手。黑桃庄家出过 A，另外一个 A 在自己手里，那么出黑桃小牌就是最佳选择，同伴如果有黑桃 K，就有很大概率可以进手。没有 A 的西家就算有 K 在 A 的位置不明确的情况下，也不敢直接闯出，以免给庄家造成负担。我们看庄上家的手牌，红桃对 4 和梅花对 7 都可以帮着北家带牌，带光四张黑桃小牌，底牌的归属就非常明确了。

牌例 6-2（东家为庄）

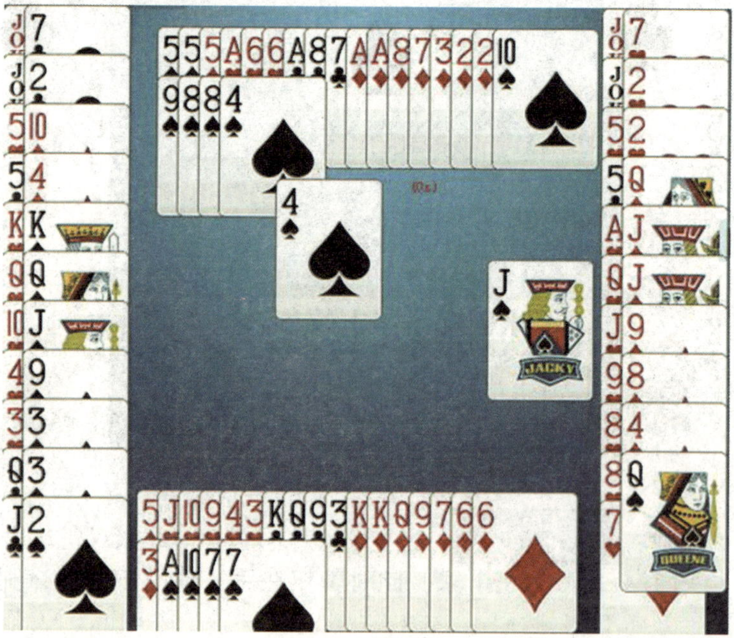

底牌：

；亮主信息：本局打 5，庄家单亮红桃 5。

分析：庄家首攻黑桃小牌，帮庄出 A，拿到牌权后打出梅花 A，庄家贴方片 10，帮庄送梅花小牌给庄家将吃。这是庄家第二次打黑桃小牌，庄下家拆 4 毫无道理，外面有两个 Q，两个 K，一个 A，同伴必有一张大牌，而自己是两对牌，应该毫不犹豫给个 10，逼同伴进手，让他给自己进手机会去实现得分计划。

我们看如果此时北家给的是 10 ，南家出 A 打出对 7 的可能性很大，即便不打黑桃对 7，也会小找方片去活对 K，无论是哪种情况庄下家都可以顺利进手。这种牌型，庄下家进手后首先要先打黑桃对子，看到庄家的方片贴牌以后，要先进行主对的清调。原因一，对 5 很可能是得分的大牌，自己主牌太少，不调出很可能被单主拆掉；原因二，庄家底牌有分已经成为事实，而他留的方片副牌自己手中为制控，越多地调出主牌，得分的可能才会越大。

牌例 6-3-1（东家为庄）

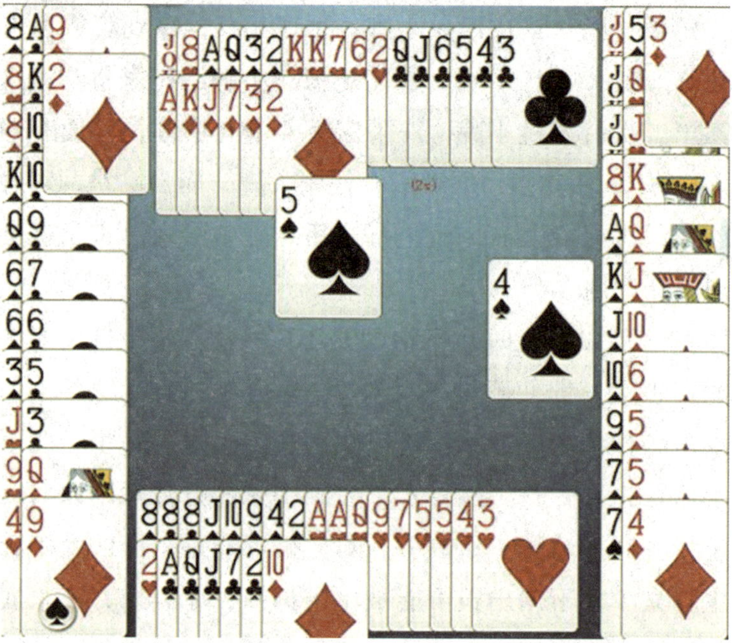

底牌：；亮主信息：本局打 8，南家单亮黑桃 8。

分析： 庄家首攻方片 A，然后调主。北家的主牌结构是：大王、红桃 8、黑桃 A、Q、3、2，一共七张。在这种结构下出牌就是一个学问了，在分牌和级牌上我们要做个正确的选择。这副牌先出 5 分是正确的，原因一，自己处在庄下家的位置，不适合作为第一进手方；原因二，给 5 分如果可以逼下帮庄的大牌，下次级牌进手就有了机会，而且不会浪费同伴的进手牌权，使进手和得分可以达到同步。也许有的牌手觉得主短应该直接出大王，我们自己分析一下，这么做除了能挣到10分，能有任何益处吗？既失去了主上的最高控制，还给后面的进手造成很大的困难，这种选择是控制打法最不提倡的。

牌例6-3-2（东家为庄）

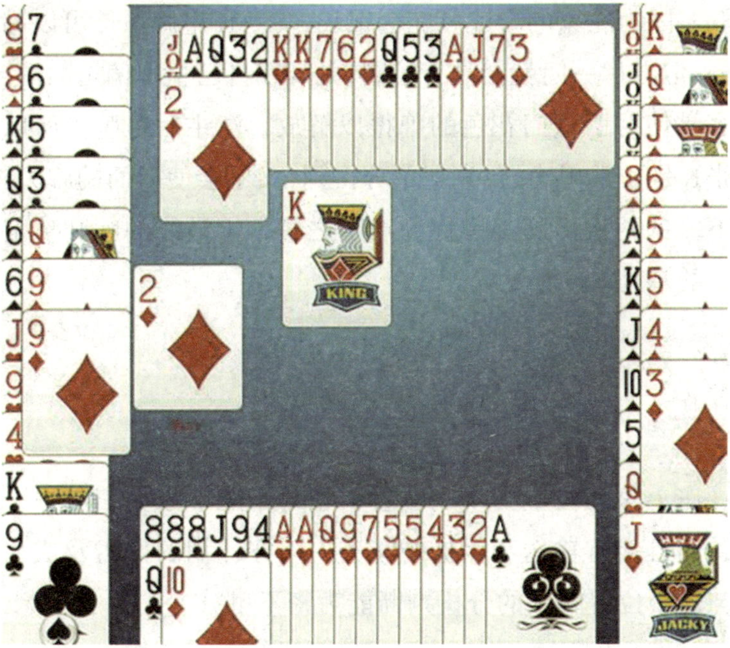

分析：帮庄为了防止南家拿到牌权出了黑桃8，进手后打出梅花A，庄家贴方片10，帮庄打梅花对10，庄家选择了

将吃。我们讨论一下这手牌到底要不要将吃，梅花 K 下底，南家又跟出了梅花 J，那么能盖上这对 10 的就只有一对梅花 Q 了，如果底牌没有 30 分的压力，将吃是没有问题的，但是底牌的重要性使这手牌必须选择让过，显然庄家的选择有些缺乏理智，为尾盘的控制留下隐患。通过这几轮行牌，防守方可以清晰地判断出庄家方片为副牌，在庄家进手再次清调小主的时候，北家得以进手。这个时候我们要注意，判断出庄家的方片副牌后，很多牌手会选择方片 A、K 甩牌，这不可取。因为庄家的方片可能会很长，A、K 甩牌虽然可以马上得分,但方片一门就会没有控制,尤其在自己主牌偏短的情况,很容易使对手这门花色的牌得以解放，清主后甩牌，所以打一张K是非常正确的,先把单分得到,又不会使后面的牌失控,庄下家的两次出牌都可称为点睛之笔，给最终的胜利奠定了坚实的基础。

二、庄上家

庄上家的位置为攻庄位置，相对于庄下家而言更像个先锋，而且伴有输送和保护的义务，防守计划的优劣及成功几率与这个位置牌手的分析判断能力密不可分。

牌例 6-4-1（东家为庄）

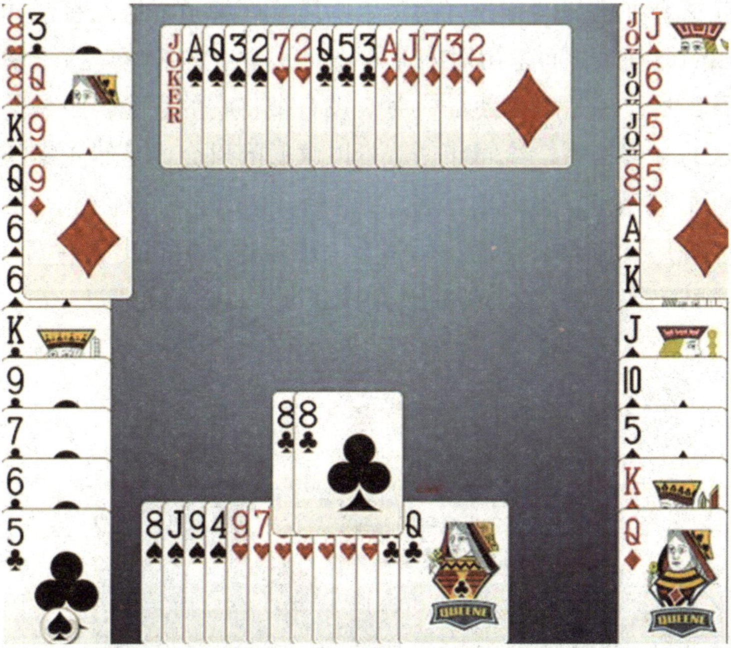

底牌：；亮主信息：本局打 8，南家单亮黑桃 8。

分析： 细心的读者应该会发现，这个牌例跟上一个牌例是相同的。之所以使用同一个牌例，因为这是个防守经典牌局。我们应该可以从前面的牌例里看出，就整体而言，防守方的牌力比较弱势，但最终却打赢了，无论是庄下家还是庄上家都非常尽职尽责，发挥极其出色。而且还充分说明了主牌强弱在整体牌局的主导作用并非强势。

我们看具体牌局，上面我们讲到北家出了方片 K，然后出红桃小牌旨在探寻红桃 A 的位置来做大两个红桃 K。同伴的意图南家了如指掌，便用红桃 Q 进手直接打了两个红桃 A。对红桃 K 挣到以后，就等于已经出了三轮红桃，而红桃 10 没现，且庄家有红桃却没有分，南家有些质疑底牌了，他没有选择继续出对红桃 5，而是用对梅花 8 进行了主对的清调。这个举动一石二鸟，一是可以使红桃对 5 没有被将吃的危险，二是削弱庄家的主牌实力，给同伴创造可以拿底的机会。果然庄家的一对小王被调下，他此时应该很后悔曾经将吃一对梅花 10 了，整体牌局就应该输在这一手牌上。庄家进手后打出方片对 5，南家贴出梅花 A、Q。帮庄对方片 9 进手，出梅花 5。

牌例 6-4-2（东家为庄）

分析：这个梅花 5 很多牌手都会选择用黑桃 8 将吃，因为这是分牌，马上就可以得到利益，但是南家没有，他用黑桃 J 将吃，就等于让了一手，给庄家以超将吃的机会，他为什么这么做呢？理由是为红桃最终的甩牌做准备。黑桃 8 一出，就必须兑现红桃长套了，因为再也没有进手机会，前期的行牌经过应该可以判断，庄家的主牌为最强，这个时候甩牌无疑就等于交牌了，所以好戏不怕晚，一定要把时机掌握得恰到好处。庄家用黑桃 K 超将吃以后，一点没有警觉到南家的意图，继续进行了主牌的清调，彻底落入了南家的掌控。

牌例 6-4-3（东家为庄）

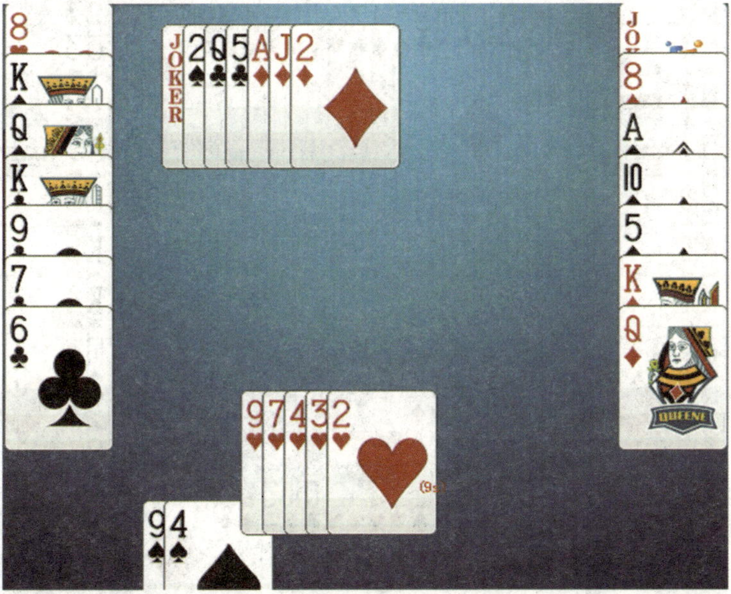

截图时得分：。

分析： 庄家黑桃J调主，帮庄出方片8，此时南家没敢再让牌直接出了黑桃8后甩出五张红桃。此时台面得有60分，这五张甩牌彻底粉碎了台上方过庄的梦想，为了底牌庄家只能贴了所有的分。虽然这副牌庄家有所失误，但是如果不是防守方两个人严密的配合，用牌语互通彼此的意图，加以正确诠释，并能清晰地判断底牌和台上方的牌型结构，即便有机会也很难打赢。我们看整体行牌，防守方基本无一失误，差一手牌输赢都可能会颠倒。

牌例6-5（东家为庄）

底牌：；亮主信息：本局打 6，庄家单亮黑桃 6。

分析：在庄上家攻庄的时候，如果没有可以在控制中获得分数的牌，就要以出庄家的断门为主，尽量不要去动庄家的副牌，因为那无疑等于是在为对方出牌，试想牌权如果在对方手中，他也一定会打这门花色的小牌。如果庄家的断门中有对子，还要以先出对子为优先，尤其是在主牌局促的情况下，不要怕丢一时之分。我们看这副牌例，南家进手，但是没有主对可以用来活方片这一对 K，如果选择打方片单张，庄家会很舒服地贴红桃小牌，而同伴就很难处理，牺牲大牌进手，再次出牌的位置对庄家很有利。不出大牌，帮庄就会很容易进手带牌，所以不如牺牲一对 K，让庄家减少主对的持有，既保护了自己手中的大王不被主对清下，也尽最大可能让同伴的副牌对子有一些机会。

三、统一

位置决定任务，但是在双升里任何事情都不是绝对的，位置的独立只是相对的，两个位置如果都只管自己的事，那么管得再好也不可能把牌局控制得很好，要寓独立于统一中，统一中有独立才可以游刃有余。

牌例 6-6（东家为庄）

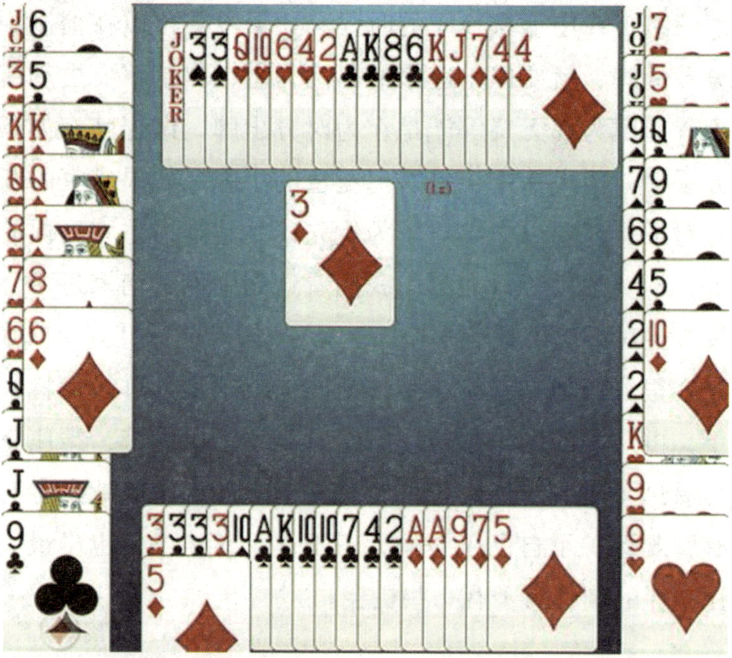

底牌：；亮主信息：本局打3，庄家双反小王。

分析： 在无主牌局中，庄家第一次脱手，如果是防守方进手，无论位置是庄上家还是庄下家，第一件事都是进行主牌的清调。除非有能打通的长套，期待同伴贴断其他花色的牌张，进行将吃得分。因为断门将吃为台上方的最大优势，无主的主牌张数较少，一方面要清调庄家的主牌避免大牌失分，另一方面要削弱帮庄的主牌，让他没有在庄家长套中断门将吃的机会。这副牌庄家首攻黑桃拖拉机后，出红桃对 J，北家对红桃 A 进手，他很正确地进行了主牌清调。

牌例 6-7（东家为庄）

底牌：；亮主信息：本局打 5，庄家双反小王。

分析：这副牌庄家首攻三个王，北家给了三个 5，西家跟出大王和两个 5。现在主牌还剩一张 5，在哪个方位呢？应该在北家。一定有人问从何分析出的？首先庄家直接首攻三个王，一定是主牌中只有这三个王，如果是四张主牌，调主的顺序就应该是先出大王，看到同伴跟出大王就可以用 5 再调。首攻后，庄家继续出了黑桃两对，而后出黑桃小牌，北家黑桃 A 进手，出方片 4。这个时候南家应该可以判断出，方片是北家的长套，也是重要得分手段，且很可能有分对，否则不可能放心出小牌不怕失分。西家用方片 A 进手，出红桃对 K，然后梅花 K，南家跟出梅花小，庄家给梅花 10，北家没有放过，用 5 将吃后，在出方片小牌。南家用 J 进手打方片 A，甩出梅花 K、Q，然后出方片小回给北家的方片 K，北家进手甩出方片两对,胜利地把台上方赶下庄位。在中尾盘，防守方两人达成统一，使牌局得以最佳控制。

6.2 牌权分期

牌权分期这个名词我想很多人都没有听过，大家可能会认为防守是个简单的事,就是用大牌争得牌权,然后兑现赢张,这确实是个方法，可控制呢？大牌没了，赢张没了，台面上才挣到 40 分，剩下的怎么办，再把权利还回去然后听天由命是吗？那样是做不成大师的呦。牌权分期就是把防守方拿到的牌权分为初期、中期和末期，在各个时期里的控制都是不同的，只有细致入微，才可以全面围剿。

一、初期牌权

一般把防守方八张牌以内拿到的牌权称为初期牌权。在这个时期，往往不是每权必争的，尤其是在庄下家这个位置，争到手后很可能会实现台上方的牌张大解放，所以在争权的时候要先做好计划，如果没有十足把握，可以先行观望。

牌例 6-8（东家为庄）

底牌：；亮主信息：本局打 4，庄家双亮黑桃 4。

分析：这副牌庄家首攻红桃拖拉机，北家明断，庄家无奈只能用对黑桃 4 清调主对，然后兑现红桃对 K，天不成人之美，北家偷偷存着一对黑桃 K 将吃，拿到初期牌权。看北家牌型结构还不错，但是如果先打大牌很容易后期失控，这个时候不能贸然打出梅花 A，虽然梅花为短门，但是如果打完 A 倒挂就会白白损失。方片对 A 能打吗，如果看了明手我一定说能，不仅能擒住庄家的对方片 K，还可以把同伴的方片打断，但是如果看不到四家牌，我就会说不能，因为 K 的位置完全不明确，自己的方片又偏长，很容易失去控制。所以对于这种被动牌权，还是应该主动放掉为好，北家此时应该调一张小主，进行初期观望。

牌例 6-9（西家为庄）

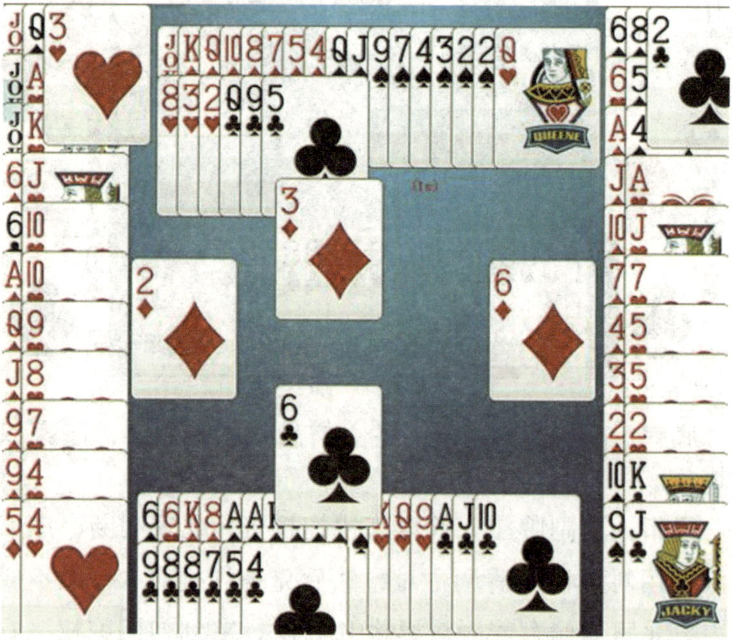

底牌：

；亮主信息：本局打 6，庄家单亮方片 6。

分析：庄家首攻梅花 A，然后调小主牌，南家出梅花 6，东家盖方片 6，这个时候北家有两个选择，一是盖上大王，二是放过。看手牌结构，除了一对黑桃 2，北家没有任何可以得分的手段，一对黑桃 2 出手，很难想象能有什么收益，还颇有可能破坏掉同伴可以得分的牌型，所以选择放过是明智的。很多牌手有一种情结，就是禁止帮庄进手，怕他为庄家带牌，其实这种想法非常不科学。帮庄如果有牌，怎么也禁止不了，大王也只能盖得一时，下一手级牌呢，还是一样的。而且如果在自己出了大牌以后再把牌权过渡给帮庄，那会更加势不可挡，所以无论什么情况都要以自己的手牌为准，不要有任何被禁锢的糊涂牌理。

二、中期牌权

防守方在第九到十六张拿到的牌权成为中期牌权。中期牌权相对于初期就比较可贵了，有的时候会成为输赢成败的分水岭，这个牌权运用起来比较需要智慧，是自己领出，还是把牌权交给搭档需要个清晰的判断，出奇制胜还是顿足捶胸就在一念之间。

牌例 6-10-1（西家为庄）

底牌：；亮主信息：本局打 6，庄家单亮方片 6。

分析： 这副牌例续的初期牌权中的牌例 6-9。帮庄方片 6 进手，先出的红桃 A，然后是红桃对 5，庄家红桃 10 进手，出方片对 9 清调主对后出红桃 A、K、4、4。领出后继续调小主牌，这个时候南家用红桃 6 进手。这是个危急的时刻了，从前边的贴牌和跟牌上，南家已经知道，己方的牌力比较弱势，弄不好会出现小光，此时进手不敢大意，直接打出黑桃 A、A、K，再打出梅花 A、8、8。

牌例 6-10-2（西家为庄）

分析：南家的梅花 A、8、8 后甩出五张梅花，这是手好牌，当然也建立在同伴必须有大王的情况下，才可以得到最大利益。甩牌是个双刃剑，底牌明显有分，甩牌给同伴带牌看看能不能有拿底的希望，另一方面，如果拿底无望，可以带大王将吃，破掉小光。庄家此时也许后悔了，如果他能用级牌调主后再用三个王清主，一定是小光，只要南家进不了手，后期的甩牌就可以避免，幸亏台面上分值不够，否则真的要仰天长叹了。

牌例 6-11（东家为庄）

底牌：；亮主信息：本局打 J，东家单亮方片 J。

分析：庄家首攻一对大王，然后倒挂红桃 Q。北家盖红桃 K，帮庄用红桃 A 止，然后打黑桃 A，庄家跟黑桃 10，继续出一对梅花 A，庄家贴黑桃 K 和 2。看到这说明什么？从南家的位置应该怎么想？虽然庄家一对大王首攻太不可思议，我们可以不做考虑，就后面的贴牌应该分析出，黑桃是庄家的唯一副牌，且他没有黑桃 A。只留一门副牌，可见主牌非常强劲，那么帮庄已经出过黑桃 A，如果庄家有 A 这个 K 是不可能贴出的。此时帮庄用小王调主，领出后，打了两对梅花，庄家先贴了黑桃一对 3，后贴了黑桃 4 和方片 2，很明显庄家手中一定就剩有黑桃对子，否则不可能先把对 3 贴了，留一张 4。帮庄继续用级牌 J 调主，南家盖了小王，这是个考验的时候，如果南家也做了前面详细的分析，就应该果断地打出黑桃 10，这是个唯一得分的机会，拆掉庄家的对子，送到同伴手中。但他错失了这一个机会，坚决地打了红桃 A、7、7，同伴无奈拆了黑桃的拖拉机贴出，庄家将吃，兑现一对黑桃 9，清光主牌，小光。而那一线生机，被南家大意地放弃了。

三、末期牌权

防守方在第 17 张以后得到的牌权称为末期牌权。这个时期的牌权是最为严峻的，经常会涉及到底牌之争，也偶尔会把牌局定格在 75 与 80 的分界线。

牌例 6-12（东家为庄）

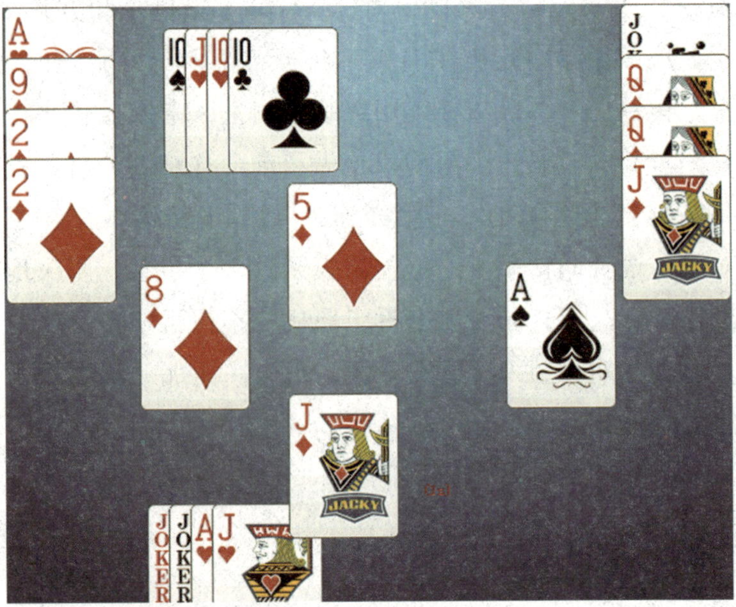

底牌：；亮主信息：本局打 A，庄家双亮方片 A。

分析： 这副牌前边的行牌我们就不每张必说了，到现在，大家对底牌有分都已心知肚明。台上方出现了很大的失误，帮庄的大王早早地出了，而庄家以为自己虽然没有大王，主对就可以轻易得天下，所以拼命地打着副牌，南家的大王也就悄悄地藏了起来。这是个难得的拿底机会，只要处理好这张牌，就可以咸鱼翻身了。南家持有大小王，在第五张的时候一定要盖住庄家的这张黑桃A，把唯一的副牌红桃J打出去，庄家将吃后剩有三张主牌，小王对大王的臣服是每个牌手必须认可的，所以南家等于把底牌牢牢地握在自己手里了。很可惜，他打得比较随意，没有计算好张数的控制，煮熟的鸭子就这样飞走了。

牌例 6-13（东家为庄）

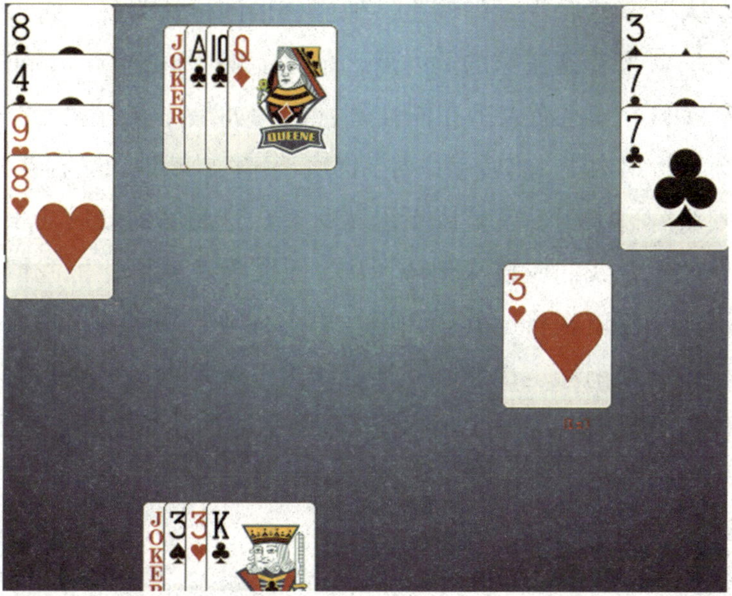

底牌：；亮主信息：本局打 3，庄家双亮梅花 3。

分析：大家看到这副牌的局面，一定会认为底牌对防守方来说已经万无一失了。两个大王在手，怎么也能控制住了。

可就在这张牌上，出现了戏剧性的变化，北家加了梅花10。我想作为他来说，他一定认为庄家持有另一张大王，所以才会舍分求底。但他没有仔细想，或者没有记住行牌过程中大牌的张数，外面还有三张级牌和一个大王，此时不是全主的手牌想扣底是没有任何希望的，且梅花K在同伴手中已是必然，不上大王是不对的。北家的主分让南家非常难办，大王和级牌加主分的手牌结构，怎么出都是头疼，最后只能选择盖了大王，然后用级牌调主，他应该也同样认为另一张大王在庄家。当看到庄家的7以后，他才能够明确地判断，庄家是拆了两个7，而大王在同伴那，因为如果庄家有大王，他就会直接出大王，然后用一对7保底。南家果断地出了梅花K，否则级牌碰大王，就是惨不忍睹呀。从这副牌的最后几张牌的处理上，我们应该深刻认识到，虽然看不到牌，但我们谁也不能只停留在自己的认知里，思维要随着牌张的出现而去变化，如果南家也像北家一样，认为三个级牌和另一张大王在外，一个梅花A就可以令大王保底，那输的就只能是自己了。

6.3 大局

一副牌下来，在每一个牌手心中最不可缺少的是什么？那就是大局。身处庄位，要时时刻刻以全局控制为中心；身处防守，由于牌权的后置位，使大局观变得更加重要。

一、价值观

对于牌张价值的认知，每个人都不相同。我们这本书讲的是控制，那么牌张的价值观就不是按得分计算，而是按控制力计算。比如一张大牌没有直接得分，但因为它的存在而控制住了一门花色，这就是它最高的价值体现。

牌例 6-14（西家为庄）

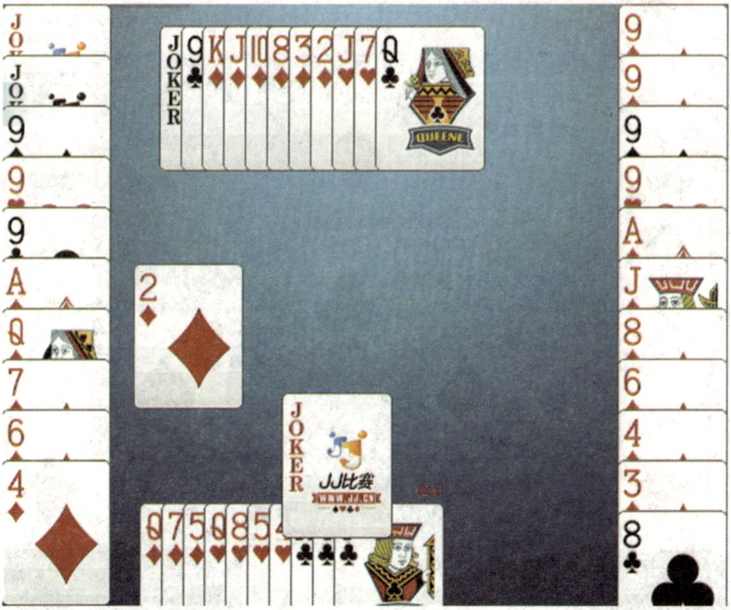

底牌：；亮主信息：本局打 9，东家双亮方片 9。

截图时得分：

。

分析：大王是所有牌张力的最高控制，一个大王价值是多少，也许没有人详细计算过，大家也无从计算，因为牌局不相同，客观情况不相同。我们看这副牌，前期已经挣到 70 分，对于主牌奇短的南家，这个大王不能再留做控制了，虽然价值只有 10 分，但这 10 分就可以注定赢局，在这局牌中，这就是大王的最大值。

牌例 6-15（西家为庄）

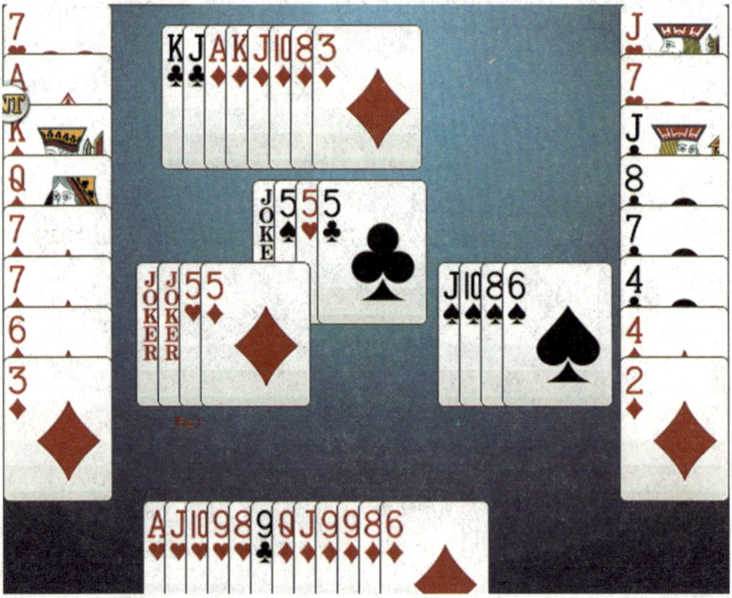

底牌：

；亮主信息：本局打 5，庄家双反大王。

分析：这副牌打到这一手，牌权都在台上方，台面上还是 0 分。我们通过分析小王带三个 5 的牌张价值，来判断该不该将吃。在庄家持有两个大王的情况下，将吃无疑是狼入虎口，必是被盖的。但是如果贴牌呢？就会造成己方的贴牌难度，根据前期的行牌已经断定，庄家留有方片副牌，北家如果贴断梅花，帮庄的梅花很可能继续成为甩牌赢张，留有梅花 K，就要缩短方片的张数，造成尾盘控制危机。更重要的是，贴牌牌权必留在帮庄一方，那么如果他帮助庄家飞渡方片，就等于蚕食了北家所能控制的牌力，庄家再贴掉散牌，小光一定成立了，在同伴贴牌不力的情况下还可能会大光。选择将吃的同时可以过渡牌权到庄家，那么庄家的方片小牌就可以送来最大利益。小王三个 5 没有挣到分，但却起到了间接投入的作用，实现了牌张最大价值，最后台面挣到 50 分，突破了小光分值，应该称为点睛之笔。

二、把握

对于双方牌力差距显著的牌局，弱势的一方往往无能为力，但是很多牌局都是输赢机会并存的，能不能把握全看牌手当时的分析判断力。胜利的绝杀可遇难求，不要让错过占据了输赢的瞬间。

牌例 6-16-1（东家为庄）

底牌：；亮主信息：本局打 2，庄家单亮方片 2。

截图时台面分数：

。

分析：这副牌目前台面上防守方已经挣到 70 分，一个大王已经出过，主分除了庄家将吃过一个方片 10 以外，还剩有 30 分在外，而北家前期也已经出了一张级牌一个小王。此时的南家根据自己的手牌情况应该不再对北家的主牌大牌存有期待了，反而应该对主分期待多一点，在小王已经明大的情况下至少应该上一个王，一方面可以看看主分的情况，另一方面还可以迅速打成全主结构，此一举两得之事，不知道南家留着两个王想做什么文章。

牌例 6-16-2（东家为庄）

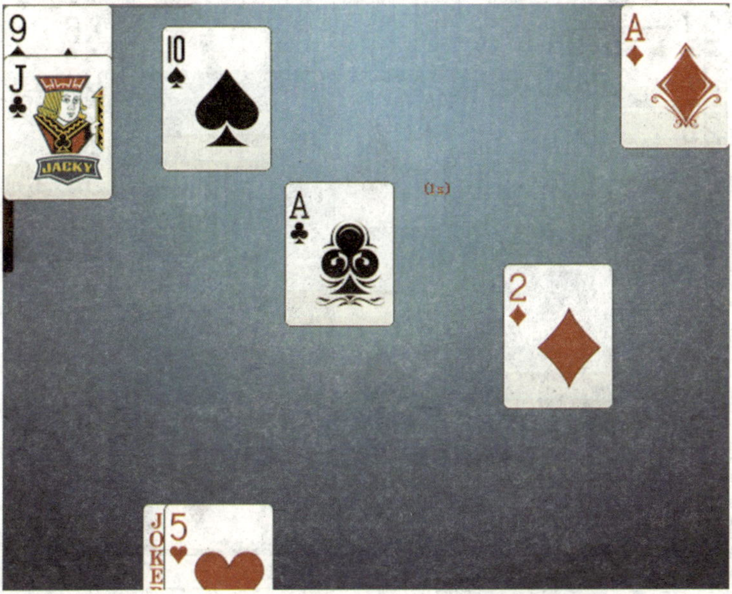

分析：南家出方片 5 庄家用红桃 2 进手，而后用一对方片 K 清主，南家跟到了小王和级牌黑桃 2。庄家继续用方片 2 调主，北家的黑桃 10 是必加的，同伴有大王一定就是最后一手了，同伴没大王那大王就剩在庄家手中，这个 10 也得不到，此为千钧一发的战机，犹豫不得，更是贻误不得，只可惜北家也把胜利的机会白白错过了。

牌例 6-17（西家为庄）

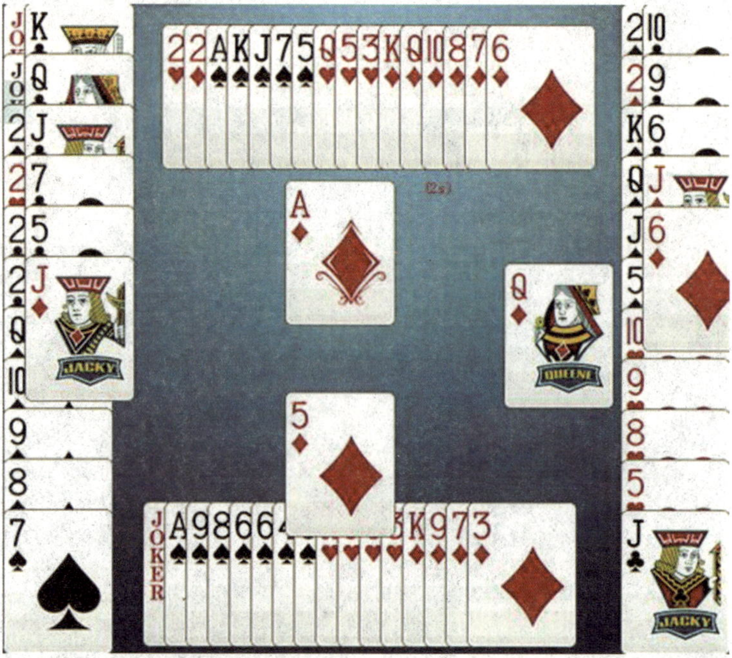

底牌：；亮主信息：本局打 2，庄家单亮黑桃 2。

分析：庄家首攻方片 A，东家没给信号，庄家继续打红桃对 4，东家对红桃 A 进手后出梅花 A，庄家给 10，再打梅花对 3，北家跟梅花 9、5，南家跟梅花 A、Q，庄家梅花对 8 盖过，然后调小主脱手。庄家本身存在着时机贻误的错误，在南家跟了梅花 A、Q 以后胆小地不敢出梅花 K，也就给了南家一个机会，南家不敢怠慢，直接用小王进手。南家兑现梅花 K 得分，北家贴了红桃 K。这时候庄家有没有方片呢，的确不太好判断，为了试探南家出了方片 5，东家用方片 Q 盖上，这时候北家只要有 K 就必须要出。如果庄家断了这门，K 怎么都是死分，万一庄家只留有裸分呢，这就是唯一的机会了。北家明显没有想得这么透彻，先出的方片 A，丧失了在方片花色上挣分的唯一机会，看到庄家的方片 J，再出 K 的时候，为时已晚。

三、冻结

庄家的长套明确后，很多牌手觉得只有这一门花色可以挣到分，所以争先恐后地把庄家所需要的大牌出掉，当时确实可以挣到分，但是这就等于给台上方做了特赦，很容易在尾盘受制于人，所以越是庄家的长套，越应该守住大牌，起到的作用就是冻结。

牌例 6-18（西家为庄）

底牌：；亮主信息：本局打 3，庄家双亮黑桃 3。

分析：根据前期出牌，庄家明显留有梅花长套，进手也一直在用梅花小牌找寻大牌，防守方尤其是在庄上的位置，梅花 A 是坚决不能出的。南家明断梅花，北家明断红桃，如此难得的交叉将吃机会是一定不能错过的，在必要的时候，也是保存南家主牌实力的最有效方式。出了梅花 A，庄家的梅花长套一下就被解救了，加上主牌大王的制控，尾盘防守方就会陷入僵局。

四、释放

不知有没有人看到过这样的景象，牌权一直周旋于台上方手中，当防守方中的一人好不容易进手的时候，打出一对想要得分，却跟同伴的对子撞击到一起，不仅没得到分，还损失了得之不易的牌权。所以每个位居防守的牌手都应该要注意，牌张也需要释放，收放自如才可以创造无限生机。

牌例 6-19（西家为庄）

底牌：；亮主信息：本局打 8，庄家单亮梅花 8。

分析： 庄家首攻方片 AKK，然后用对方片 8 调主，继而再出对方片 3。我们看北家的贴牌，他主动拆了黑桃一对 6，这一定是个亮点。可能有人会说，黑桃只有 5 分，拆不拆两可。我们这节一直在从各个方面去讲大局，虽然只有 5 分，但可以清晰地看出，他的大局概念有多强。这就是一种对牌张的释放，看北家的黑桃结构，9 以上没有号码，绝对的弱项，自己的弱项，同伴是强项的概率就会增大，所以提前拆掉一对 6，以便可以在同伴的大对子中加分。别小看这 5 分，当你费尽九牛二虎之力只挣了 75 分的时候，你就会知道 5 分到底有多强大。

五、沉淀

手牌结构非常重要，我们拿到一手牌，最先要做的就是分析自己的手牌结构，每门花色的号码都要非常注意，尤其是对中间断码很多的牌型，在出牌应对时都要有非常恰当的策略。可以挣到分牌权的我们当仁不让，对于分析判断挣分把握不大的牌权一定要学会沉淀。

牌例 6-20（东家为庄）

底牌：；亮主信息：本局打 7，庄家双亮黑桃 7。

分析： 庄家首攻梅花 A 后继续出红桃对 Q。北家应该自己研究红桃花色的牌型，手里一分没有，只有两对带一张单 J，结构比较怪异。出对 A 还是忍对 6 呢，不是很好选择，我们来分析一下。首先庄家先出一对 Q，一定是没有对 K 的，但却很可能持有对 10，管了这一对 Q，对 10 就有可能是活的；其次，北家的大牌只有南家会给分，帮庄的分是无论如何不可能加进来的，除非对 10 或者对 K 在帮庄手里，这也十分需要概率；第三，北家手里两对，号码单一，那其他位置的牌手这么花色也很可能对子较多，万一和同伴金星撞火星呢，那岂不是鸡飞蛋打吗；第四，庄家首攻梅花 A，梅花基本可以判断为断门，那红桃也断掉的可能性就很小。基于这四点，红桃对 A 还是留做后期控制比较好，看看庄家第二手的出牌，也看看同伴红桃花色的结构。沉淀牌权也是一种大师风范。

六、解救

断门将吃是台上方的优势，那就必是防守方的劣势，如果在庄家的断门里持有分对就属于天灾了。解救分对十万火急，不仅是持有方的任务，也是同伴不可推辞的义务，其间细致关注号码也是必不可少的任务之一。

牌例 6-21（西家为庄）

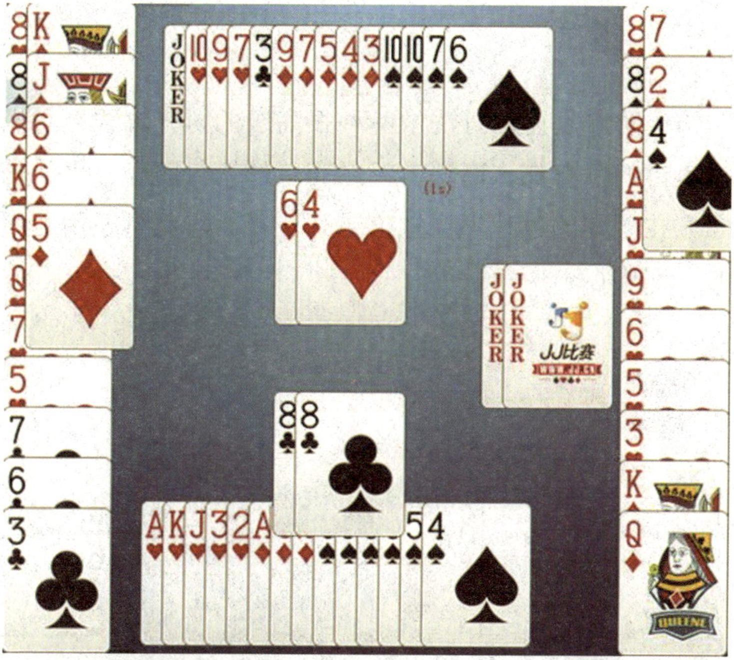

底牌：；亮主信息：本局打 8，东家单亮红桃 8。

分析：这副牌庄家首攻的黑桃 A，帮庄给的 K。在出过几轮以后，帮庄以为庄家的黑桃是断门，回黑桃单牌，南家用黑桃 A 吃进了庄家的黑桃 K。两轮的黑桃行牌，让南家分析出了同伴很大可能持有一对黑桃 10。原因一，庄家出 A 的时候帮庄直接给的 K，证明手中没有黑桃 10；原因二，庄家留有黑桃 K，那底牌一定是没有分的，也就不可能有黑桃 10。当然庄家还有一个黑桃 10 也存在概率。根据牌张号码做过分析，南家果断调出主对，解救同伴，最后做活了一对黑桃 10。

七、错位

错位防守是篮球打法中一种很高级的防守方式，我们要在这里讲的没有那么高深，只是简单的错位而已，也就是指防守方在防守的过程中要知道错开位置，避免重叠用力而导致的力不从心。

牌例 6-22（南家为庄）

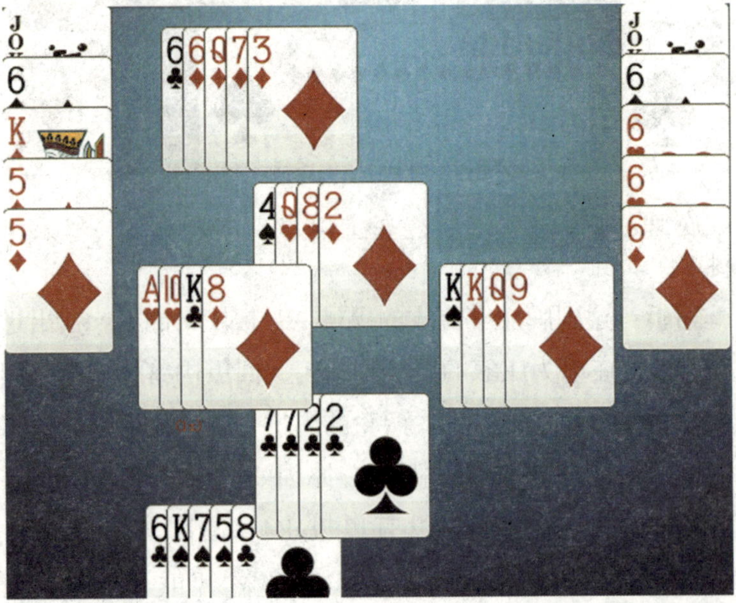

底牌：

；亮主信息：本局打 6，庄家双反大王。

台面得分：

。

分析： 这副牌在这轮牌之前台上方一直在掌握着牌权，庄家甚至用两个大王将吃了帮庄不看大的一对方片 10 以防止牌权错失。这轮的贴牌非常关键，东家先贴，他的选择没有错误，在庄家的一对大王离手后，无疑东家的主牌为最强势，舍去分牌求最终控制是上选。而西家后置于同伴贴牌，应该做细致的关注，东家一张主牌没贴，而贴了两个明大的 K，再根据前期的出牌花色很容易判断他已经全主了，据此，西家应该贴掉两张主牌而把手中全都留成分牌。此时台面上空空如也，如果记分的话，自己贴掉的这 20 分就等于直接认了小光的结局。无主定约，在对方甩出长套的时候搭档双方在贴牌的时候一定要注意，如果先贴的一方贴出分牌，那么后贴的一方一定要留分贴主，以便可以错开防守位置，都留主牌或分牌就等于两个人同守在一个位置上，而给对方留出了太大的掷地有声的进攻空间。

八、交换

在台上方主牌明显强劲的情况下，有的时候按部就班地走寻常路就会错失先机，从而也会丧失更多的权利，交换是防守中一个必不可少的方法。

牌例 6-23（西家为庄）

底牌：；亮主信息：本局打 3，庄家双反大王。

分析： 无主定约，庄家双反的大王，主上制控已成定局。前期台上方一直控制着牌势走向。南家拿着两门强牌在贴牌过程中左躲右闪，既要保护大牌控制，又要保证分牌不被挤掉，这一轮刚刚有了进手的机会，南家在这个时候一定没有注意到，庄家已经偷偷地立了红桃的长套，他天真地以为自己两门黑花色的控制已经把尾盘牢牢地握住了，所以在初次进手就用级牌把牌权送回到庄家手中，丧失了唯一一轮可以大规模得分的机会。庄家一对小王进手很是称心如意，既不用将吃浪费主牌实力，也省去了进手后再去清主甩牌的麻烦，南家把这个一举两得之利直接送过来，真是个大好的时机，随后甩出红桃，挤掉南家的黑桃长套，最终南家手中两门控牌只挣到一个梅花 K，结果非常残酷。南家错了吗？看结果一定是错了，那么又错在了哪里呢？我们前面讲过了牌权分期，南家所拿到的这个牌权就已经属于中后期了，所以不能随意送出，没有控制就要懂得交换，可以用黑桃的一对分牌去交换西家的一对王牌，然后留有主牌去控制庄家的红桃，庄家如果将吃了黑桃就没法再去清主，因为底牌的分数也不能轻易不顾，到那个时候己方才可以有跟台上方抗衡的实力，底牌和台面庄家必定要让出一个。

6.4 防守实录

有句俗话说得好“防不胜防”，一语道破了防守的困难和险情频发的状态。跨过重重障碍完成封锁线的穿越是对牌手整体素质与实力的考验。前三节的分项讲解都是把所要注意的情况集结为一点，下面我们用不同的牌型全程鉴证防守实录。

牌例 6-24-1（西家为庄）

底牌：；亮主信息：本局打 4，庄家双反大王。

分析：庄家首攻一对方片 3，南家一对方片 10 进手拿到初期牌权。南家应该分析一下：看自己的方片结构，庄家的方片很大概率上不为长套，无主定约首攻选择弱门脱手，说明其他副牌的牌型也不是很好，等待其他人为自己创造分牌出逃时机。在这个时候是主牌清调的最好时机，一是探探虚实，二是减弱台上方将吃实力，南家选择出梅花 4。东家大王进手后出梅花A和梅花对5，看到庄家留有梅花，就再出了一张梅花小牌，北家梅花K吃进。北家从前几轮出牌情况分析出，同伴应该控有方片大牌，自己有黑桃、红桃、梅花三个A做控制，庄家的手牌副牌弱势基本确立，那么就应该尽可能地削弱台上方的主牌势力以加强己方的控制力度，便调出自己的最后一张主牌方片4。庄家这个时候也应该看出，南北双方拿着很多副牌大牌对自己形成夹击形势，越是这样的状况越不适合此时进手，应该再放一轮，给北家一个机会出牌，那样才可以真正地了解所有大牌结构，修正曾经的庄位计划，从而把损失降到最小。显然庄家没有经过客观的分析，他大王进手，犯了一个更加致命的错误，自己也清调了一张主牌，在副牌如此弱势的情况下调主，无疑是被防守方牵着鼻子走，使格局变得对自己更加不利。清主后，庄家出了红桃小牌，想做大一对红桃10。南家此时果断地用A进手，开始大规模的防守反击，出手时机恰到好处，他先兑现了红桃一对K，再出了方片对A，看到方片长套树立后，再次甩出四张方片带走了北家的所有小牌。

牌例 6-24-2（西家为庄）

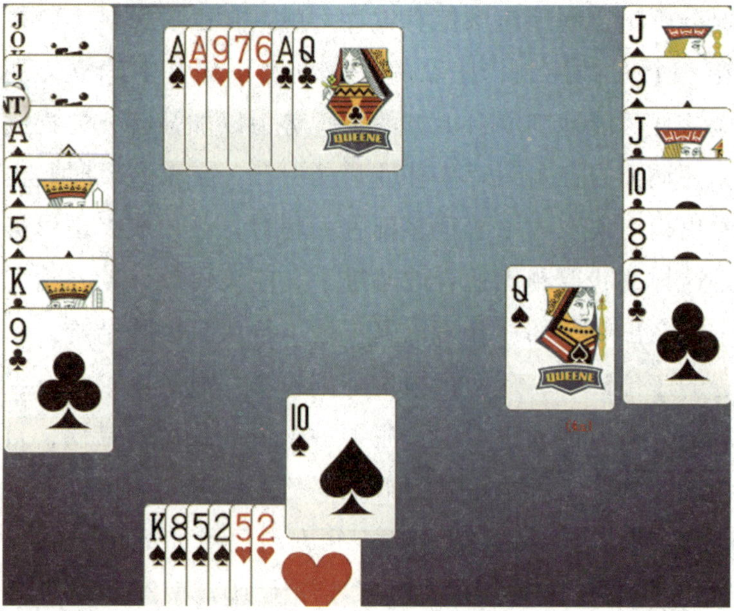

分析：南家完成了自己的清扫任务后，如何送牌给同伴是个关键，前期帮庄进手后没有出过黑桃大牌，同伴贴牌已经贴到黑桃 J，庄家贴到黑桃 Q，黑桃的局势变得非常微妙，此时的传牌必须争取同伴为第一进手，否则庄家如果持有黑桃 A、K 就很可能用黑桃 A 击落同伴的黑桃 A，当然如果庄家持有黑桃双 A，那黑桃一门就等于没有控制，只能投入到庄家手中，争取有利的控制位置。南家果断送出黑桃 10，北家成功接手，然后甩出了红桃，最后挣到 130 分。无疑这是一副防守成功的牌例，庄家的无主完全是为反而反，从反的那一刻就应该注定了败局，如果在下底的时候按主牌控制下底，也就是把分牌全部下到底里，还可以有一线之机，反了无主又留有手分，就等于送了防守方一程，再赶上防守位的大师牌手，无疑是快马加鞭。大家看过牌局不要过多地去关注庄家的失误，而是要学习牌型防守经验，以免在有了机会的时候丧失先机，这才是最重要的一点。

牌例 6-25-1（东家为庄）

底牌：；亮主信息：本局打 4，庄家双亮方片 4。

分析：这副牌双方势均力敌，但庄家首攻略显鲁莽，一对黑桃K完全属于赌攻。拿了这对K，防守方基本确立了上台的趋势，但对于主牌强势的北家来说，力争升级是本局防守目标。他一对A吃进，打了一个红桃5，探寻红桃大牌的分布。西家出红桃Q，南家出红桃A，庄家将吃进手出黑桃Q，没有找到信号只能调小主寻求同伴的支持，北家级牌盖住甩出红桃A、K。大家看到这也许会非常疑惑，庄家断红桃，北家此刻岂不是自杀行为。其实不是，北家的位置本身不适合攻庄，但根据自己的手牌结构，同伴的主牌实力不能再给予期待，为了保存主上实力和防止帮庄进手带牌，只能先行进手，出红桃一为消弱庄家主牌实力，二是庄家调主脱手必是出牌有难度，牌权投入，以便能够更好地控制。果然庄家进手后知道同伴的主牌实力较弱，有些急躁，便开始清调主对，想以一敌二，先从主牌上占有主动。一对方片4出手后被对大王盖住，纯属意外。北家进手后，用黑桃10去找同伴的大牌，南家黑桃J吃进。南家第一次拿到牌权，没有冒然出牌，他详细分析了自己的手牌结构，主牌还有两对，如果不是首出就不会有任何威力，同伴为了消耗庄家的主牌，不惜牺牲红桃的分牌，那么这个时候是用主对清调的好时机，况且一对方片A还可以直接得分；再者，庄家首出黑桃对K，又出了黑桃Q，可见黑桃为短门副牌，断红桃，可以清晰看出，庄家的梅花为长套，而自己的梅花带A偏长，后期很可能给庄家致命一击。他便先出了一对方片A，继续出一对方片6。无奈的庄家再次进手，此刻他幡然醒悟，同伴主牌实力弱，自己主动调出对牌，等于中了防守方的埋伏，便出了梅花小牌。任凭庄家如何努力，帮庄都置若罔闻，当然是由于牌的客观状况实在接不了手。南家再次进手，还是调主。庄家出级牌，北家盖小王，再用黑桃5送给南家，双方巧妙地运用了黑桃的桥路，成功阻断了台上方的任何连接。再次进手的南家已经没了主牌，看到庄家断黑桃，便继续出了黑桃 8。主牌紧张的庄家不敢再将吃，老老实实地贴出梅花小牌。北家用方片 K 将吃得分，又送出红桃，南家用红桃 10 逼庄家将吃。庄家用级牌将吃后又送出梅花小牌，南家梅花 10 得分，再打红桃 J。防守双方全程都在对庄家实施步步紧逼，丝毫没有半点松懈。

牌例 6-25-2（东家为庄）

截图时得分：。

分析： 看到庄家已经贴到梅花 Q，南家看时机已到，梅花 A 应该可以兑现了，便果断打出，然后再出梅花，同伴将吃甩出两张红桃，剩余分数得以全部歼灭，完成了上台升级的计划。

牌例 6-26-1（西家为庄）

底牌：；亮主信息：本局打 8，庄家单亮黑桃 8。

分析： 庄家首攻小主牌，帮庄小王进手，打出一对梅花 A 和方片 A，看到庄家明断梅花后，送梅花小牌过渡给庄家将吃。庄家进手后甩出方片 A、K，看到北家已经明断，便开始用一对大王和对黑桃 7 清洗主牌，在主牌已经没有对子的情况下，出一对方片 5。帮庄方片对 6 进手，继续出梅花小牌。北家梅花 8 将吃，这手牌是严重错误的。前期庄家清过主牌，己方的主牌弱势已经完全显露，在两个大王出过的情况下，北家的小王牌权和红桃长套是能够解救己方脱离困境的唯一手段，此时的将吃无疑是把自己的主牌逼入死角。庄家黑桃 8 盖过，一对黑桃 3 清光了防守方的所有主牌，然后再调主。帮庄级牌进手后，兑现方片 Q，然后出梅花 J。庄家清主成功的同时也大大损伤了自己主牌的元气，所以这轮的梅花，他选择放过，南家梅花 K 挣得了宝贵的 10 分。

牌例 6-26-2（西家为庄）

截图时得分：。

分析： 看到同伴在前期贴牌时放弃了所有副牌的分牌，南家所读取的信息为，同伴的红桃非常强势，在剩有五张牌的情况下，他不敢冒然打红桃 A，怕破坏同伴的牌型，而送出了红桃小牌。庄家红桃 A 进手，先用方片 J 挤了一张牌，然后打红桃对 6，北家虽然得了红桃对 10，但却没有改变小光的命运。看完这副牌的整体行牌，有没有人能说出防守方北家错在哪里？不是说错在哪张牌，而是错在哪个点和哪种意识？分析过后看看我们有没有共识。我来评判他是忽略了保护大牌的作用而错失了最佳防守时机。如果北家红桃有 A，这样行牌还可以勉强说得过去，因为红桃 A 也可以视为一个牌权，在只有小王牌权的情况下，将吃的时候要不就直接用小王，把破小光当成唯一目的。如果顾忌后期控制，就应该在帮庄出梅花时选择贴牌，而不是丧失主牌对小王的保护。庄家主动用两个大王调主，底牌即便有分也是微不足道的，所以北家的彷徨显然毫无道理，患得患失，最终必失。

牌例 6-27-1（东家为庄）

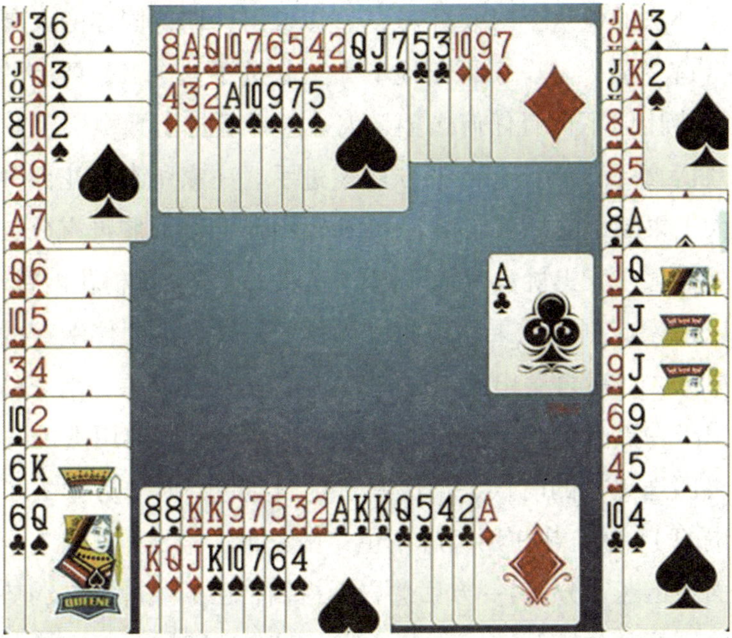

底牌：；亮主信息：本局打 8，庄家双亮红桃 8。

分析：庄家首攻梅花 A 后调小主脱手。帮庄由于副牌结构散乱，没有能够领出的号码，所以只用了一个红桃 A 意在控制主牌得分，同时用牌语把自己的这一牌力情况告诉同伴。南家级牌进手，看手牌结构中主牌的一对红桃 K，开始忧心忡忡，怎么活这对 K 成为当务之急，所以在庄家出过梅花单 A 很难判断是否断门的情况下，他依然打出梅花 A、K、K、

Q，想跟庄家的主对做交换。没想到撞下梅花裸10，这无疑是个意外收获，但惊喜之余，红桃K的困惑再次摆在眼前，毫无办法的他这个时候拆掉一个K打出，期待同伴的大牌来降低这一损失。庄家果断地上大王吃进了这个K，帮庄的副牌弱势让他不再有任何指望，大王进手后打出黑桃A和一对J，然后小找方片5，南家方片K进手。庄家留有梅花裸分又用大王果断地吃掉了红桃K，基本可以判断，底牌没有分牌。另外如果庄家黑桃只留了A、J、J三张，便不会用梅花做首攻，所以南家此刻应该果断地打出黑桃K，先吃进同伴幸存的黑桃单分，然后再用黑桃10送出。也许是一念之差，南家的牌序出了一点点偏差，他先送了黑桃10，等到同伴用黑桃A接手再回送黑桃的时候，帮庄断了这门花色，防守方损失了这宝贵的10分。帮庄用级牌调主，南家再次给出了红桃K，一方面想迅速得分,另一方面想告诉搭档自己的主牌非常弱势。北家同样的小牌让南家心灰意冷，双方主牌被台上方控制得很严，没有任何可以得分的机会。看到这种境况，庄家一气呵成地把主牌清光，兑现黑桃绝张。

牌例 6-27-2（东家为庄）

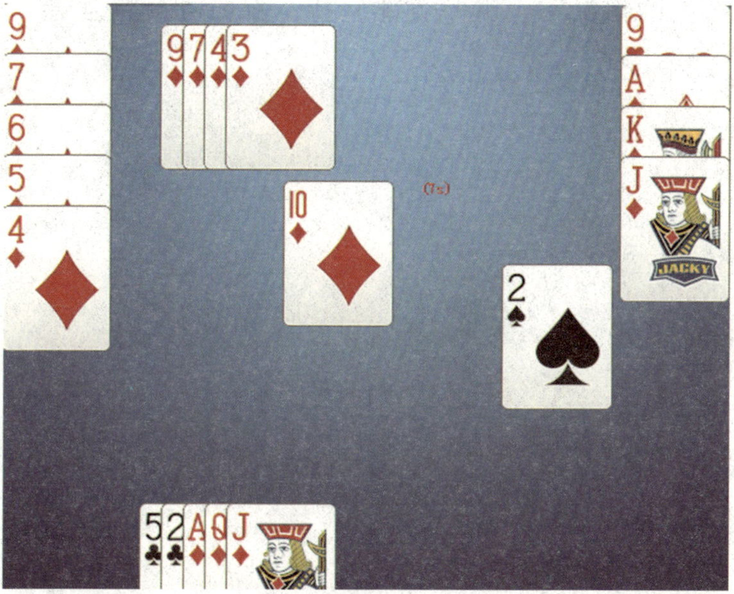

截图时得分：
。

分析：牌到这个时候，防守方并不是没有机会，庄家的方片 K 和南家的方片 A 是明牌，只要北家在方片 K 撞进方片 A 的时候给出方片 10，防守方还是可以上台的。但北家的思维明显出现了问题，他在庄家用黑桃 2 挤牌时竟然加进了手牌中唯一的 10 分，这是张关键牌，却没有能放到关键的位置。纵观全局，庄家并非高手，主牌强势却一分不下，如果没有梅花裸 10，防守方根本不可能有任何机会。但机会来了，又有几个人能冷静地抓住呢。南家是一时疏忽，功亏一篑，而北家的行为无疑是被台上方的主牌强势毁掉了信心，丧失了坚持的心力。所以说在双方都有机会的情况下，哪一方能坚持，哪一方就是强者。

第7章

技术调整

很多人把双升看成一种艺术，这是没错的。有时候坐在比赛台上，我都能深刻地体会到我不是在简单地出牌，而是在把一种深刻的对牌的感觉体现在每张号码上，表现出来。知道位置、知道牌理、知道了行牌思路是不是就能体现艺术呢？艺术是美，任何生硬的东西都不能直接体现美，所以为了更加接近于艺术，为了让每一手牌都接近完美，除了深刻的理论外，还要学习一些细微的东西，就是技术调整。

一、倒挂

手牌结构中有一门副牌花色只留有一张牌，打出这张牌称为倒挂。除了庄家在首攻时选择倒挂以外，在行牌过程中也有很多可以倒挂的时机，但不是有了这个机会就必须倒挂，也要看当时大局的需要以及牌张的分布。

牌例 7-1（北家为庄）

底牌：；亮主信息：本局打 A，庄家双亮红桃 A。

分析：庄家首攻方片 K，剩有一个方片 Q，这个时候可以倒挂吗？方片的分底牌有 15，出了 K 同伴给了 10，外面的分就剩 15 了，自己倒挂，如果分数都在防守方那就等于直接送了，所以刚打完方片 K，是不适合马上倒挂的。这种牌型，打完方片 K，可以选择调张小主，争取在同伴的大牌里把方片 Q 贴出去，如果同伴也无能为力，再次进手就可以倒挂了，以免失去更多的利益。

牌例 7-2（东家为庄）

底牌：；亮主：本局打 6，北家双亮方片 6。

分析：庄家首攻红桃对 A，然后继续出黑桃 A，梅花对 Q，北家就一张梅花，便选择贴了红桃 J，南家对梅花 A 进手。看到北家明断梅花，南家出了梅花 10，北家将吃后先清调了一对主 6，然后倒挂了红桃 Q，这个时候倒挂是正确的。庄家首攻红桃对 A，很可能是断了红桃，北家位置在庄家之后，可以保证同伴的红桃手分安全。他在梅花中贴的红桃号码已经到了红桃 J，继续出 Q，明确在用牌语告诉同伴，我这是倒挂。南家根据北家的贴牌和红桃 Q 也可以清晰地判断出同伴断有两门，主牌呈强势。

二、清主

清主是指台上方或者防守方大牌清调直至把另一方的主牌清光。清主应分两个时期，第一是开局清主，即底牌下分，主上没有制控，颇为常见。第二是中局清主，这个时期是需要原则的即“副不立不可清主”。也就是说在己方副牌没有达到完控的情况下，主牌是不能随意清调的，因为没有主牌，副牌送入对方之手，损失的就只有自己了。

牌例 7-3（北家为庄）

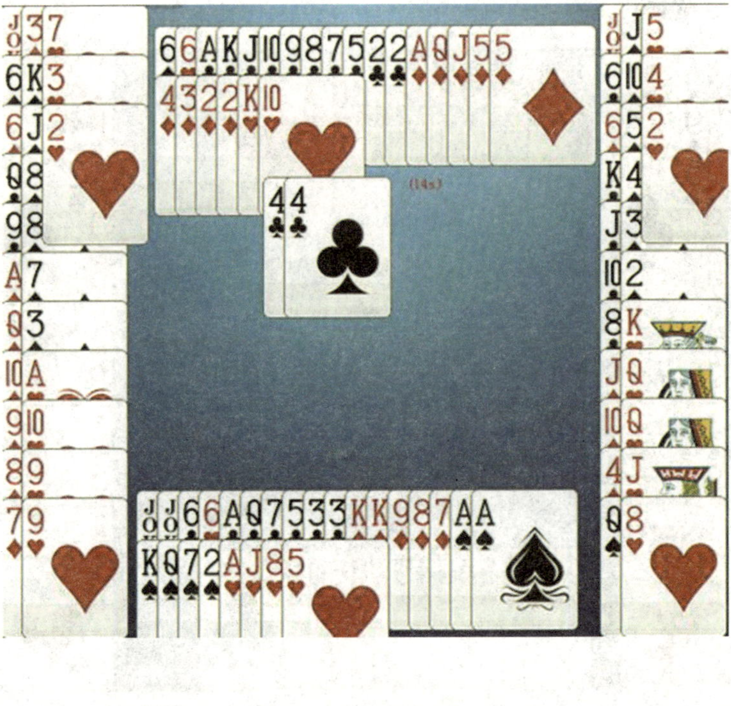

底牌：；亮主信息：本局打 6，南家单亮梅花 6。

分析： 看庄家的手牌，14 张主，两对，虽然主上没有王，但也属于强主牌型，下分没有问题，但应该把红桃 20 分也下底，如果不是帮家的副牌强，红桃 K 和 10 就都是死分了。在底牌下分的时候尽量不要瞻前顾后，15 分和 35 分在某种程度上没有差别，都需要把主上高于自己的控制调出，否则底牌沦陷就是万劫不复，所以这个下底方式是不可取的。庄家首攻主对，证明是怕主上对子存在威胁，很大程度上用牌语表明了清主意图。

牌例 7-4（北家为庄）

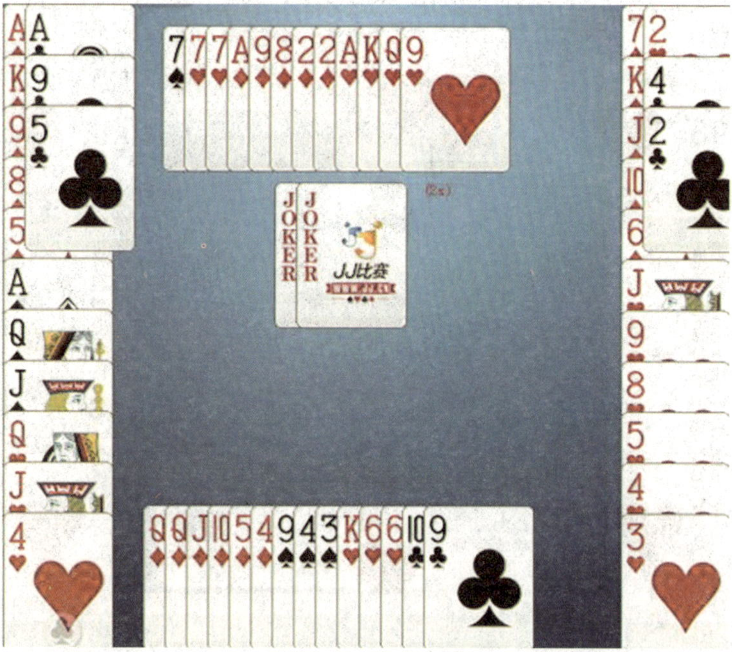

底牌：；亮主信息：本局打 7，东家双亮方片 7。

分析： 在前期的行牌过程中，黑桃和梅花的对子都已经打光，东家在进手后又把庄家唯一的威胁红桃 A 出过，那么此时庄家的副牌基本可以控制局面，此时选择清主是正确的，不仅可以清光主牌，还可以在主牌中看看有没有人贴掉红桃，以保证手牌中剩有的红桃号码可以不受大牌牵制。

牌例 7-5（南家为庄）

底牌：；亮主信息：本局打 8，北家双反大王。

分析：庄家首攻红桃拖拉机，然后出黑桃对 Q，北家黑桃对 A 进手。此时刚出两轮牌，且北家的副牌并无强势，主上一对大王既是控制，也可以说是后期的唯一进手，关键的时候还可以作为和同伴沟通的桥路，如此重要的牌张怎么可能在前期主动放出。另外说过很多次台上方断门将吃的优势，只有主牌交错，才可以把这种优势进行到底，所以这个时候主动清主严重违反了牌理和原则。

三、甩牌

甩牌是个常规打法，但是甩牌也需要技巧，在甩牌的过程中要时刻关注其他位置的牌张，这样才可以保护自己的牌张威力，减少对方对分数的控制。

牌例 7-6（北家为庄）

底牌：；亮主信息：本局打 10，南家双亮黑桃 10。

截图时台面分数：。

分析：前期的行牌中，台上方掌握牌权比较多，在庄家只剩一对红桃 9 的时候，便开始清主，由于对主牌大牌的利用出现了价值偏差，所以给西家留下了致命的一张 10。如果记主了，就应该先调一张主，把 10 调下来，因为底牌是有 5 分的。北家可能认为一对红桃 9 可以大了，然后再调一张小主，踏踏实实地保底。谁知一对红桃 J 坐在了东家，红桃 J 吃进

15 分后，台面上为 65 分。东家的 A、Q 是大牌了，他可不可以甩牌呢？如果他仔细地观察了之前所有人的出牌，就应该选择不甩。如果算主了的话，外面还有五张主，不需要计算排列组合了，因为在北家调的最后一对主里，同伴已经给到了黑桃 K，那么手中一定是一张 10。底牌分数虽然不明显，但同伴的 10 也是分呀，所以东家应该选择随意出一张红桃，让西家扣底。

牌例 7-7（北家为庄）

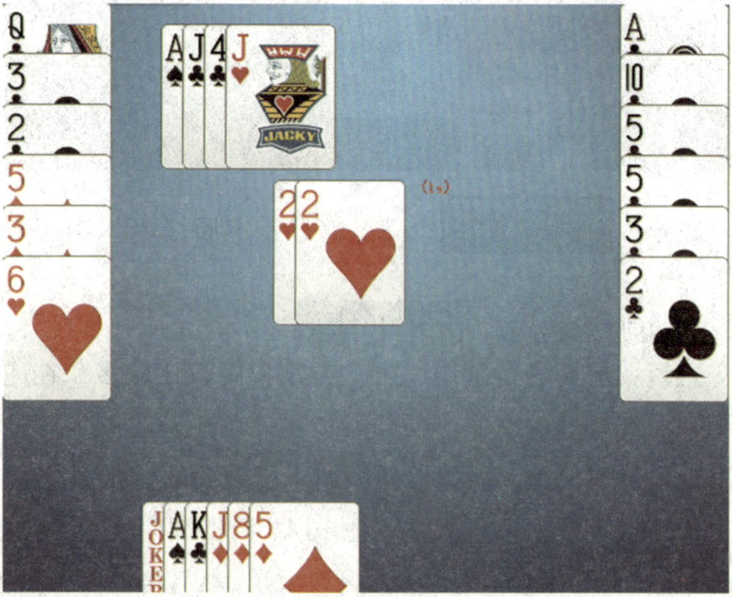

底牌：；亮主信息：本局打 A，东家单亮梅花 A。

分析：我们看这副牌，坐庄的是一位大师级牌手。大家不要以为他是没算出红桃 J 是大牌，恰恰相反的是他不仅知道红桃的三张可以连甩，还知道主牌梅花 5 成了对子，而且有对子的东家还有一个梅花 10。如果甩了红桃 J22，东家在将吃的时候就可以在对梅花 5 里带上梅花 10，对 5 已成大牌，而 10 还是小牌，北家这么做就是不想给东家小分牌升级的机会，而让将吃变得无滋无味，把一手牌得分的数量降到最小。所以甩牌有时候也是一种学问，细到这种情况才能称为大师。

四、贴牌

贴牌看着是一个浅显的概念，但牌手在选择牌张的时候并不能随意，尤其是在其他牌手甩牌的时候，一定要根据前期的行牌，既要考虑到己方的利益，也要考虑到控制全局。

牌例 7-8（北家为庄）

底牌：；亮主信息：本局打 8，南家单亮黑桃 8。

分析：在前期的行牌中，庄家已经明断了梅花和方片。现在西家甩方片，东、西双方都有方片，西家在没有判断出底牌有没有分牌的情况下，想保全大王所以才甩出方片 K、Q。这个举动无疑给了南、北双方一个很好的机会，一方可以贴断红桃，而使这门花色的分数得以控制。先贴牌的为南家，他有两种选择，一个是将吃一个是贴断红桃。将吃无疑给庄家解决了困难，但此时庄家的红桃张数无法判定，万一超过两张，就等于浪费了这难逢的机会，所以南家应该选择贴红桃 9 和梅花 K，断门逃分两不误。

牌例 7-9-1（南家为庄）

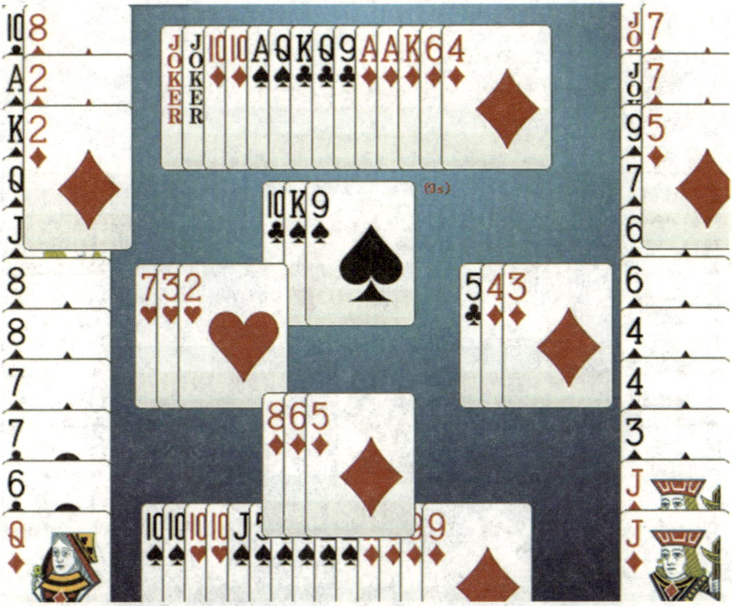

底牌：；亮主信息：本局打 10，庄家双亮黑桃 10。

分析：庄家首攻梅花对 A，后出红桃对 4 脱手。西家红桃对 6 进手，再连打两对红桃，后甩出红桃 7、3、2。如果持有南家的牌型，一定不要选择将吃。没有王，将吃等于贴牌，毫无威力，不如直接贴牌，寻求一下同伴的帮助。再从东家的角度看，同伴的甩牌让他非常难受，没有主分，带王将吃没有意义，最多只是抑制一下北家的主分，而自己的王带出去后，对方的10多数都可能存活，所以东家也咬牙选择了贴牌。南家的贴牌称为明智之举，而东家的贴牌则为无奈之举。

牌例7-9-2（南家为庄）

分析：北家将吃了三张红桃以后，打出梅花Q。前期出牌的时候，东家已经贴了一个梅花K，那么在西家跟小的情况下，南家不必要选择将吃，这张方片Q贴得很好。不将吃的道理跟前面相同，贴牌除了不浪费主牌以外，还有一个过渡牌权的作用。打10的，南家无王，而且四个王的位置到目前毫不明了，在这个时候只有把自己放在最后面的位置上才更好控制。东家在西家甩红桃的时候贴过梅花5，那就是也已经断梅花了，把牌权交给东家是最好的。果然，东家用黑桃3将吃，打出一对方片J。庄家主上四对，没有单控正期待对子的出现，便用一对黑桃5将吃，兑现主牌拖拉机，完成坐庄计划。

整局中庄家的两次贴牌都令人眼前一亮，把自己放在了最佳控制位置，使四个王毫无用武之地。

牌例 7-10（北家为庄）

底牌：；亮主信息：本局打 Q，庄家双亮黑桃 Q。

分析： 庄家牌很整，除了方片对 A 和红桃 A 以外就是梅花长套。在梅花打完三对牌以后，庄家调了一张小主，想把主牌的小牌先跑掉。帮庄小王进手甩出红桃 A、K、10、10，此时庄家应该贴什么呢？有没有选择把梅花四张贴掉的呢？遇到这样的牌型，梅花是不能贴的。因为在主牌拖拉机的掩护下，梅花 7、8、3、3 是控制牌局的大牌，而黑桃 9、5、4 是小牌，所以应该选择贴掉小主。贴梅花 7 是为了牌型可以完整，留一张 Q 作为进手。这副牌的后期帮庄甩完红桃以后小主送出，庄家出红桃 Q，西家没有盖，结果大光。如果当时庄家贴的是小梅花呢，在西家大、小王的控制下一定不会是大光。所以贴牌有的时候也很重要，不要盲目地把自己打成全主牌型，在控制打法中，主牌不占优先，可以控制的牌张才是优先，所以千万不可在关键时刻产生小农意识。

五、飞牌

飞牌是利用大牌的位置来飞渡控制牌张以获得利益的打法。无论身处在哪个位置，都可以运用这种打法，但要求搭档之间要配合熟练，水平相当，对牌张记忆深刻。

牌例 7-11（东家为庄）

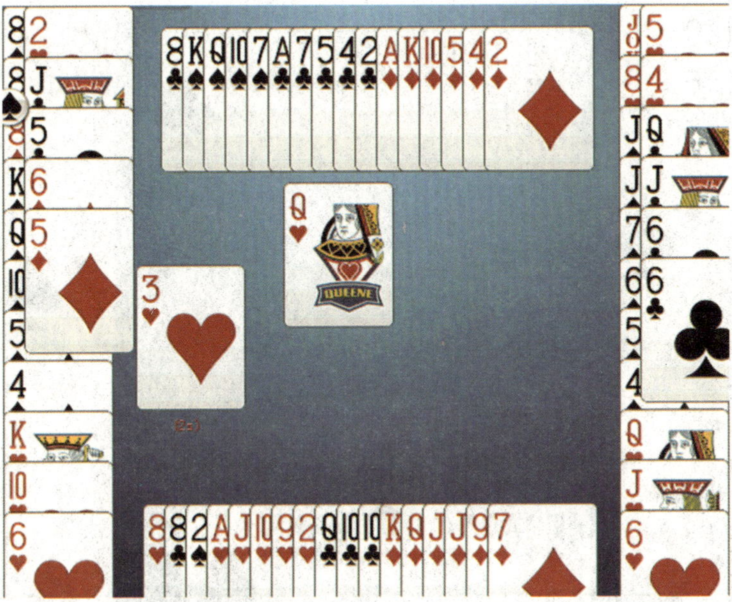

底牌：；亮主信息：本局打 8，西家双亮黑桃 8。

分析：庄家首攻方片 A，然后调小主，西家大王进手。西家出红桃 A，梅花 A，然后继续出小红桃，南家出红桃 K 进手得分，从而可以看出庄家留有红桃副牌。南家调主对进北家，从北家的方位来判断，西家出红桃 A 的时候庄家给的红桃 5，证明没有 K，留有手分进一步说明底牌没有分，同伴出过一个红桃 K，自己手中没有红桃 K，那么另一个 K 一定在西家，所以北家出红桃 Q 有两个目的，一个是倒挂，另一个就是飞西家的红桃 K。

牌例 7-12（西家为庄）

底牌：；亮主信息：本局打 10，东家双亮方片 10。

分析：这副牌庄家打完了自己手中所有能打的副牌后调了一张小主，期待把牌权过渡给帮庄。南家手里有三个 10，下家亮主，这是个飞牌的好机会，南家必须勇敢地出 10 飞东家的主 10。东家这个时候拆 10 盖住，只能说明他没有王，那么如果同伴有王，所得就是双倍利益；如果东家直接出王，那损失也就只有 10 分，等下次再清调主牌的时候，南家的其他两个 10 还可以继续飞主 10 的节奏。在打分牌时，飞牌这种技巧是比较常见的，位于亮主上方的位置，除了被动飞牌，也可以主动用级牌去飞，以此来试探同伴的牌力以及对手另一个方位的火力。

六、挤牌

挤牌是一种比较复杂的打法，其实质就是持有牌权的牌手用自己的牌张挤其他人的牌张，以获得利益的出牌方式。不仅考验了选手的行牌能力，还有心理素质。被挤到的牌手一定要清晰地判断出对方手牌中所需花色的控制牌，才可以不会被挤得毫无退路。

牌例 7-13-1（南家为庄）

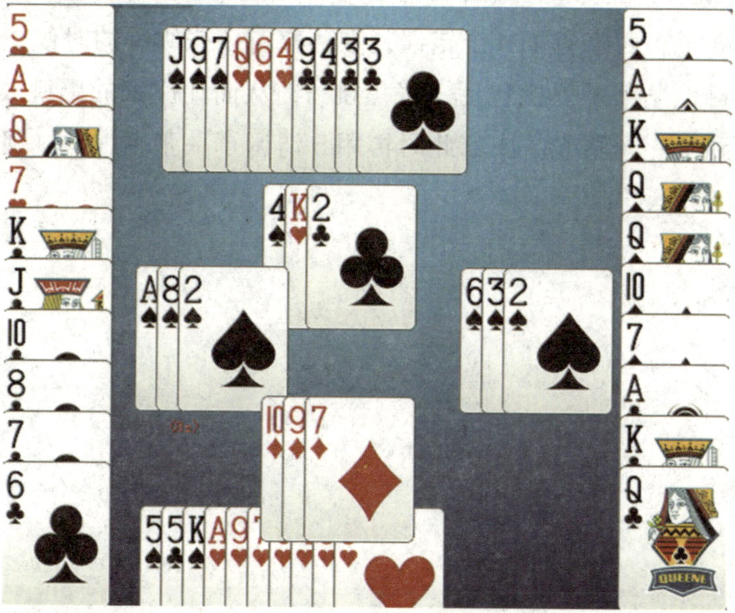

底牌：

；亮主信息：本局打5，庄家双反大王。

分析：这副牌打的是无主定约，在无主打法中，挤牌是最常见的技巧，因为主牌的数量限制，使甩牌被将吃的可能减小，在甩一门牌的时候去挤其他花色的大牌成为很多高手惯用的控牌方法。这副牌庄家从首攻就开始做方片长套，除了帮庄进手出过一对红桃以外，庄家没有动过红桃，隐蔽比较深。在方片打通以后，庄家用两个大王清调主牌，在明知5已经是大牌的时候，并没有急于清调，而是甩出方片三张，旨在可以挤出红桃，后期继续树立红桃长套。同伴在前期甩方片对子的时候就已经贴了一对红桃10，现在又贴了红桃K，虽然防守方并没有贴出红桃号码，但庄家的长套也基本可以树立了。西家犯了一个错误，在还存有一张级牌的时候，他盲目地贴断了黑桃包括一张黑桃A，从而让庄家的黑桃K，看到了一丝曙光。庄家此时再用5清调了一张主牌，兑现红桃A、3、3。

牌例 7-13-2（南家为庄）

分析：甩过红桃 A、3、3 后，红桃全立，庄家再次甩出四张红桃，东家没有禁住考验，也把黑桃带 A 贴断，这是致命的。对于东家而言，他后于同伴贴牌，根据花色应该很好判断出同伴留有梅花，那自己的那张黑桃 A 是不能贴的，应该留一个黑桃 A 一个梅花 K，一分一控才可保全。庄家乐了，两次挤牌都成功了，三个位置的牌手分别贴出了自己想要的红桃大牌和黑桃大牌，每挤一次，控制就接近完美一点，直到把所有的输张都挤成了赢张，可见挤牌的威力之大。

七、投入

投入是一种位置打法，即把牌权投到对自己有利的一个位置上，以保证自己整体的控制和对分数的控制。这是个高级打法，也是最考验牌手判断力的，如果不小心把牌权送到对自己无利一方，反而变得无法控制了。

牌例 7-14（北家为庄）

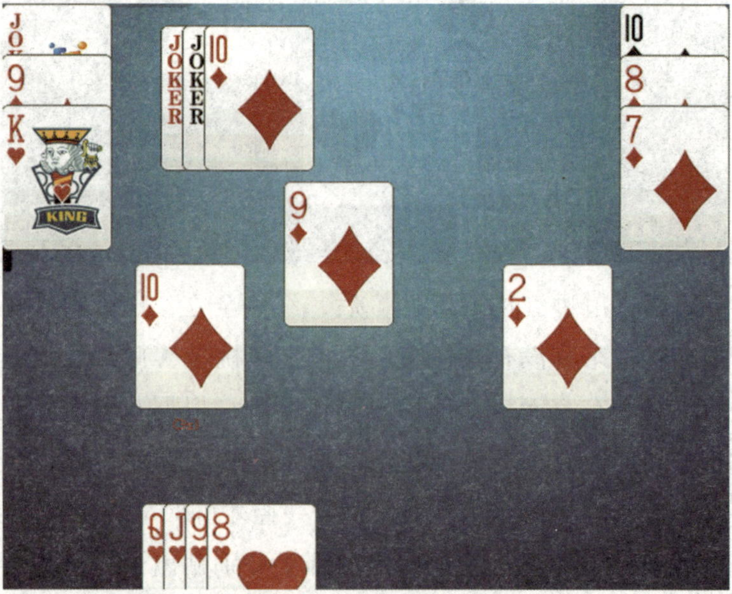

底牌：；亮主信息：本局打 10，庄家单亮方片 10。

截图时得分：。

分析：在前期行牌中，南家早就已经断主了。现在台面上挣有 65 分，靠一个人控制很难过庄，东家调主，北家这一手必须把牌权投入到西家，才有可能最终控制在 75 分。北家出了方片 9，看着貌似是对的，因为牌权确实过渡了，但是我们看如果西家在进手后再用红桃 K 进行反投入，还是会够分。投入的方法是对的，但是要用方片 10 投入，这样西家要想挣分，就必须上大王，再出红桃 K 回来的时候，就是考验东家的时候，东家只有敢出黑桃 10，才可以赢得胜局，否则北家偷渡方片 9，完成过庄任务。这副牌例所剩的几张牌，很符合残局，有兴趣的牌手可以研究一下。

牌例 7-15（东家为庄）

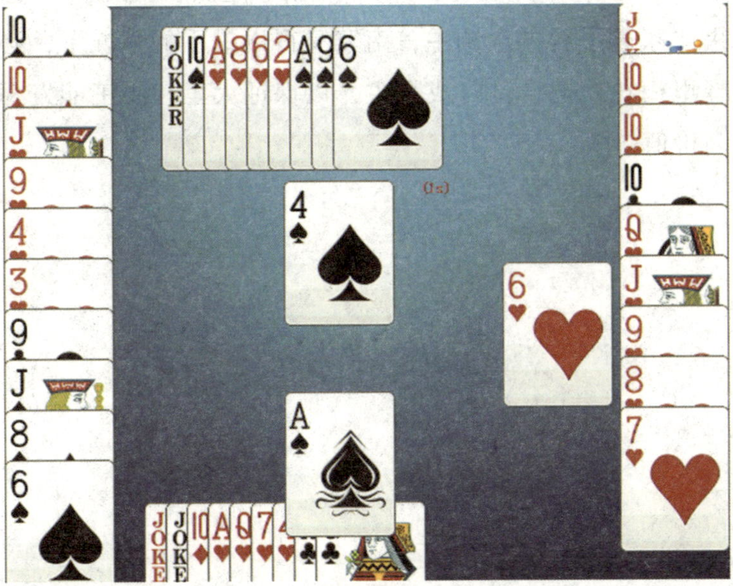

底牌：

；亮主信息：本局打 10，庄家双亮红桃 10。

分析：前期行牌副牌已经出得差不多了，此时牌权在南家手中，他有三个选择，调主，甩梅花 K、Q 和出黑桃 A。在行牌过程中已经很清楚地判断出，庄家主牌比较强势，所以如果选择调主，无疑是以卵击石，很可能还会损失大王和小王的牌张价值，这一项不可选。从位置上考虑，南家应该想办法投入到庄家手中，才能置自己于可控的方位，以便更好地控制主牌，增加得分。如果选择甩梅花 K、Q，庄家将吃，因为梅花 K 的存在，北家很可能超将吃，那么牌权就会过渡到北家，从而使庄家在尾盘就会立于不败之地，这一项也不可选。黑桃除了庄家断掉以外，其他人都有，打这门花色，庄家必须进手，所以倒挂黑桃 A 是南家这次牌权的唯一可选。如果庄家进手后再次调主，南家又得以进手的情况下，必须选择甩梅花，把自己打成全主，以保证大王和小王能发挥出最高价值。

第 8 章

牌局串烧

到现在，我们所铺设的大师之路就基本完成了，路途虽不能说是艰难险阻，但也并非一朝一夕就可练就。在比赛中我们经常也会看到有的牌手智控全局，挥洒自如，让牌局整体如行云流水般畅通无阻。这不是运气，也不是碰巧，而是在日积月累中不断积蓄的努力和付出。

对于那些看不透彻的牌例，大家可以实践一下，也就是拿两副牌自己摆出来看一下，当你能提出比牌例分析更好的行牌路线时，你就真的在向大师之路正式迈进了。

另外还要提醒大家，阅读牌例的时候，一定要把自己当成一个方位的牌手，不能默认为其他三个人的牌都能看到。如果打牌的时候都能看到明手，那我们也就无需牌理的研究了，客观地学习才可以有长足的进步。

前几章所举出的牌例都是用来宣讲片面和特定概念的，这章我们从头至尾讲解几个大师级牌手所演绎的经典牌局，使前面所论述的知识点达到融会贯通。

牌例：破釜沉舟（南家为庄）

底牌：；亮主：本局打 2，庄家单亮红桃 2。

分析：这是一次比赛的牌局，如果不过庄就会被淘汰，搭档还是随机分配的，所以在庄位上的牌手必须经得住考验。看底牌就能看出破釜沉舟的味道了。纵观庄家的手牌，下分确实有点勉强，十张主没有大王，也没有主对，黑桃长套勉强可做保底，没有大师之心断然不能下分。有很多牌手认为，底牌下分，首攻必是级牌，其实并不科学。级牌对于南家来讲并不富余，作为首攻属于浪费牌张价值，底牌下分在开局应该是不能说的秘密,一张级牌就等于把这个秘密公布于众,从这两方面来讲,这张级牌是不能浪费的。首攻小主,既保证了方向,又有隐蔽性,这个时候很有可能西家为了防止帮庄进手而用王牌盖级牌。东家出方片2,北家盖大王后打方片A后继续调小主。南家很庆幸同伴没有乱出,而是选择调主回牌,正中下怀。西家出方片2,南家虚晃一枪小牌让过。果然西家开始打副牌的大牌梅花A、A、K和方片A,然后出方片对7,南家贴两张黑桃小牌。看到庄家贴黑桃,西家便攻了黑桃对Q,南家黑桃对K进手。到了这,南家不能再隐蔽了,他必须开始大牌调主,否则搭档误会了就会带来严重后果,便先用梅花2清调后小主送出。帮庄梅花2接手,再用黑桃2调出,西家出大王后打方片10。南家用红桃K将吃进手,继续用黑桃2清调,西家的断主让南家心中一惊,看到牌局只能智取不可强夺。便改出黑桃5,逼迫东家的黑桃A。

牌例：破釜沉舟（南家为庄）

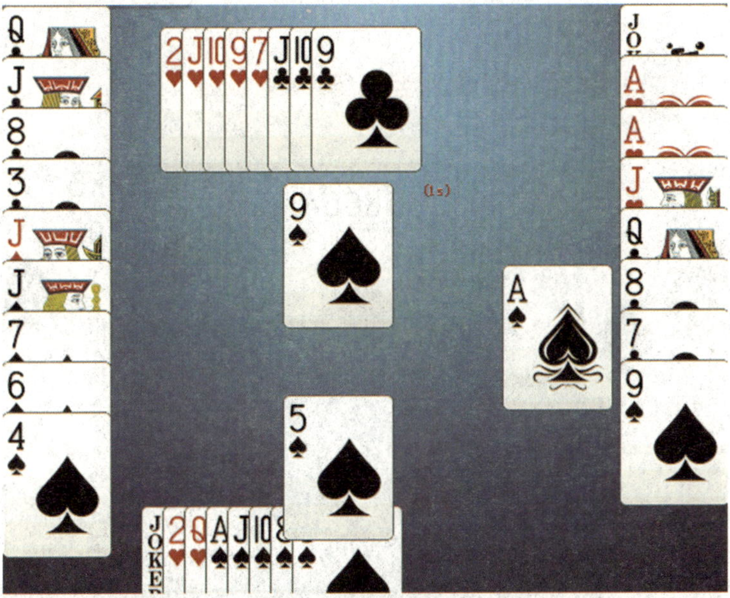

截图时台面得分：。

分析：东家果然上当了，直接出了黑桃 A，这应该是致命的一张牌。而后东家倒挂黑桃 9，北家将吃，南家出逃黑桃 10。北家不敢用副牌浪费庄家的主牌，可除了主牌，两个人无桥，便又用红桃 7 调主，南家的红桃 Q 给东家带来了障碍，如果要管，只能拆两个红桃 A，或者小王，两个都没舍得，跟出一张红桃 J。庄家甩出黑桃 A、J、8、8，手中还剩小王和主 2，把底牌稳稳地拿到了手里。打完全程，南家松了一口气，庆幸开局的隐蔽，庆幸遇到了一个懂得牌语的帮家，也庆幸主牌分配的平均，否则想打成也不是件容易的事。

牌例：智勇双全（东家为庄）

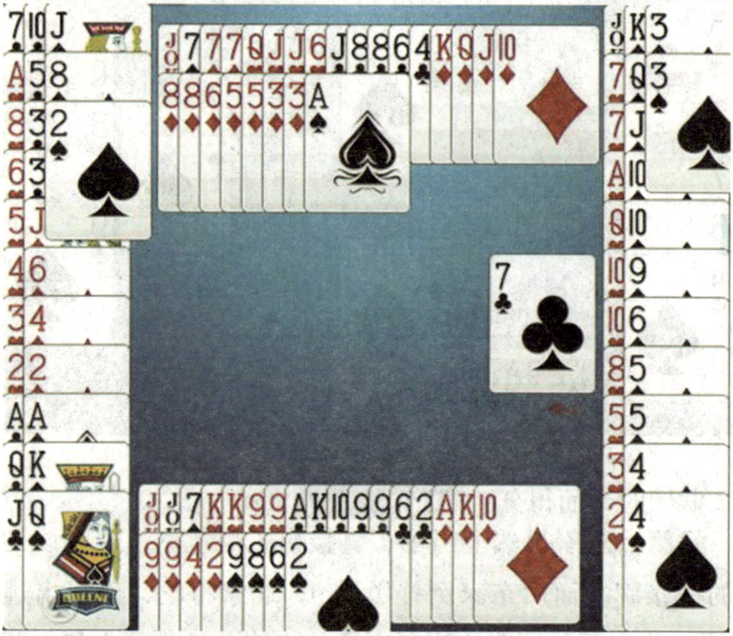

底牌：；亮主信息：本局打 7，庄家双亮红桃 7。

分析：这是一副经典的防守牌例。庄家无论从主牌还是副牌来讲都属强势，下分没有问题。首攻级牌意图明显，旨在后控，底牌有分。南北两家为大师级固定搭档，在庄家的首攻里就可以清楚地看到拿底就是惊喜，一个初步的防守计划形成，而且从第一张牌开始就达成共识。南家用小王盖上，直接打了方片 A、9、9。庄家贴掉三张黑桃，南家再打梅花 A、9、9，庄家居然贴了三张小主，此时庄家的手牌结构趋于透明，除了主牌以外就是黑桃长套保底。看到这可能有的读者会奇怪，南家在号码没看全的情况下怎么能直接出两个 A、9、9 呢？在很多时候是需要牌感和勇气的，庄家双亮首攻级牌，完全就可以看出牌力强势，如果防守不能气势如虹，恐怕只能被打趴下了，很多时候牌感可以创造经典。看到庄家的贴牌，南家此时就把下一步的防守计划定为破坏庄家的黑桃长套，于是他打了一张黑桃小牌。北家黑桃 A 进手，又打了一对方片，南家给了方片 K、10。庄家很无奈，黑桃已经很整了，没法贴牌，如果看着防守方挣 20 分，自己还搭上两张主，又觉得不值，于是就用一对红桃 10 将吃，然后继续调主。北家用级牌进手打自己的弱门梅花 J，西家梅花 A 进手，庄家贴了黑桃 K。同伴一直在调主，西家第一次进手也不敢怠慢，也用级牌继续调主。南家果断上了大王，再次打出黑桃小牌。庄家拆了一对黑桃 3，聪明的北家把梅花 4 贴出，保持了手牌的完整，西家黑桃 K 进手再次调主。南家黑桃 7 进手，庄家给了红桃 2，北家拆了一对红桃 J，南家再次打出黑桃小牌。

牌例：智勇双全（东家为庄）

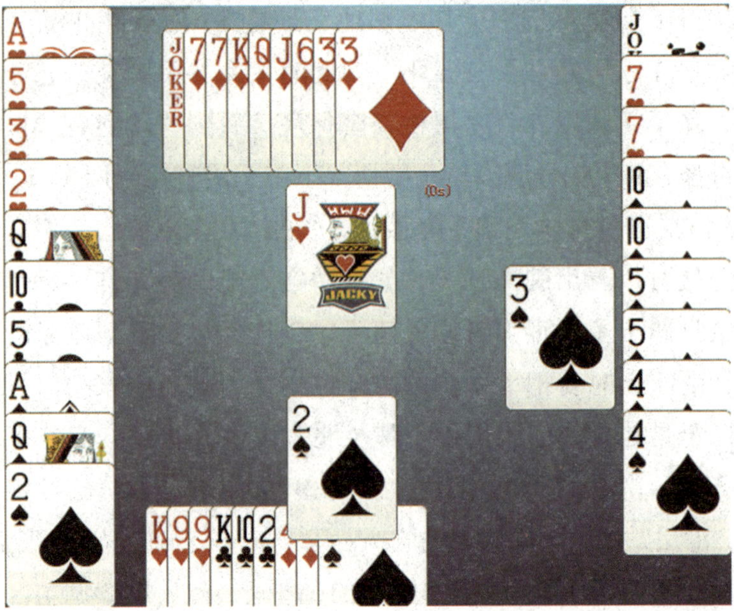

分析： 这张黑桃小牌送得非常到位，正好给了同伴另一张红桃 J 的将吃机会。北家红桃 J 将吃后甩出六张方片，庄家的黑桃长套就这样为北家的方片做了陪葬。北家用对 7 调主，一个大王稳稳抠了底。给庄家留下了一声叹息：没有大王是硬伤呀！这副牌防守方主要赢在了防守意识和判断力上，两人配合比较默契，思路统一，值得借鉴。

牌例：行云流水（北家为庄）

底牌：；亮主信息：本局打 6，南家单亮红桃 6。

分析：庄家从下底就已经做好了全套的坐庄计划。梅花只留对 7 作为首攻，两个理由，一个是为了下底手牌完整，另一个是消灭梅花中的对子，扫清对抠障碍。领出后再出主牌对 8 到南家。南家出黑桃 A，北家直接用红桃 K 将吃。看到这，有人会问，庄家为什么不把方片 10 跑掉，等南家送黑桃分的时候，再将吃呢？我们看庄家手中只有两套牌，主牌和方片，因为主牌的长度不占优势，所以就不能随意缩短方片的张数，而红桃 K 是手中唯一主分，这正是个跑掉的机会。庄家将吃后用级牌调主，西家出红桃 6 盖过，帮庄此时明白了庄家的意图，用大王进手用方片 6 继续调主。东家小王盖过，庄家跟红桃 J。因为前期庄家出了梅花对 7，又断黑桃，所以东家想出梅花 A 碰一下运气，看看庄家有没有裸分在手。庄家用红桃 3 将吃，后大王清调一张主牌，甩出方片 A、A、K、4、4，看到所有人都断了方片，再甩出后续的九张，留一个小王保底。全局庄家的掌控滴水不漏，如行云流水一般，只让防守方挣到 10 分，看着非常享受。

牌例：细致入微（北家为庄）

底牌：；亮主信息：本局打9，东家单亮梅花9。

分析： 这副牌庄家主牌号码细碎，但两个大王给了强有力的支撑，可以下分，副牌一般，首攻一对黑桃6。南家有两个黑桃A，在自己没有K的情况下，选择放过一手是合理的。东家进手后在判断不清的情况下，没有选择直接攻击，而是调了一张小主，北家放过，西家出了一张级牌，南家用梅花9盖过后出了一对黑桃A，看到庄家又跟出一对黑桃，南家知道同伴的黑桃一定没有断，便又出了一对方片7为其带牌，果然庄家贴出黑桃7和红桃3。东家一对方片Q盖过，再次调主。西家出了梅花A，南家用9进手，出方片K，让同伴的主分将吃。庄家将吃后出小红桃，南家红桃Q进手继续用红桃J帮同伴飞红桃，北家出K，目的很简单就是想要下西家的A。果然，西家没有禁住K的诱惑，红桃A盖过后继续调主。东家和西家在进手之后没有主动出过副牌，一直在清调主牌，一方面他们认为己方的主牌占有上风，另一方面可能也认为红桃是庄家的副牌，而自己握着这门副牌的控制。庄家用一个大王进手后，又出了小红桃，庄家在找什么？他不停地进手出红桃其实就是一直在找寻两个红桃10的位置，在前面的行牌过程中，红桃10一直没有露面，可见成为对子的可能无限增大，所以庄家不厌其烦地在找。西家没上红桃K，他觉得四张红桃坐住K就可以控制庄家，东家这一手没有忍住拆了红桃10挣了这10分，然后小王再次调主。

牌例：细致入微（北家为庄）

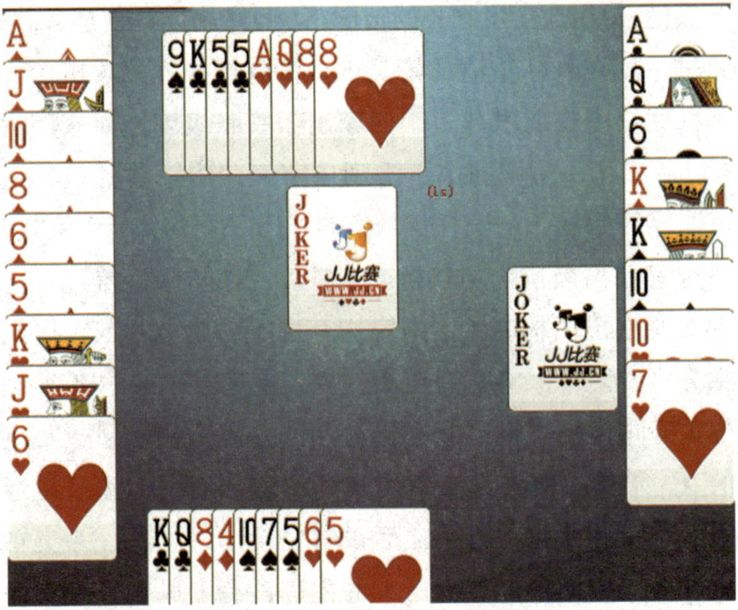

分析： 这张牌庄家没有客气，因为其他三家所有的级牌和王已经出尽，红桃号码已经见齐，此时正是收网的好时机。庄家大王盖过，甩出红桃 A、8、8，然后清光主牌，留一张红桃 Q，潇洒地挥了挥手衣袖。这一副牌比的不仅仅是牌力，更多的是控牌能力和对牌的客观认知，防守方输在错估了自己的实力，还有就是红桃这门副牌的控制没有打好。主牌强劲就要想办法在自己毫发无损的情况下去消耗对方的实力，而不是拼命三郎，没有智慧做后盾，难以做到真正的控制。

而庄家不仅在记牌实力上颇为强劲，在副牌的掌握节奏和号码调整上非常细致，也非常耐心，非一般牌手所能及。

牌例：失败特例（南家为庄）

底牌：；亮主信息：本局打 2，庄家双亮方片 2。

分析： 看庄家的手牌结构，底牌下得很好，首攻一对红桃 9 也没有任何问题。帮庄一对红桃 A 接手后，打了一对黑桃 A，又打了一张梅花 A，庄家贴断了黑桃。看到这，所有牌手都应该觉得是小光面了吧，台上方的牌太好了，防守方基本没什么机会。帮庄送梅花10给庄家主分将吃。在这个时候戏剧性出现了，因为红桃两对已经是大牌了，所以庄家主动清调了主牌拖拉机，不幸的是被西家的大拖拉机盖住。西家出了红桃K，再出黑桃K，庄家将吃，而后甩红桃K、6、6。

牌例：失败特例（南家为庄）

分析：看到所有人都已经断了红桃，庄家没有着急甩出剩余的，而是选择了调主。东家出红桃2，北家大王盖住，

继续用级牌调主。在梅花还没怎么出过的情况下，北家应该继续出梅花才对，庄家手中的主牌小牌是弱项，所以应该尽可能地给庄家消耗小主牌的机会。对于同伴的级牌，南家一定会放过，这样就给了东家机会，东家小王进手甩出梅花拖拉机。庄家差点哭了，开局的放松一扫而光。仔细推敲起来，台上方的行牌确实有几个小的瑕疵。首先帮庄打过自己手中所有的牌，看到庄家断掉两门，红桃长套成为定论，首攻一对红桃，必定还持有小对，所以应该先用一对梅花 2 调一个主对，以免碰上庄家的一对方片 2，然后再用梅花 10 送回。其次就是在尾盘大王离手后，送庄家进手应该选择梅花小牌，让庄家进手用主对清调。作为庄家，有可能看到好牌身心过于放松了，出牌没有大的牌理方向错误，但错在一时疏忽。很多时候我们打牌都不去考虑拖拉机的存在，认为是小概率事件，但是大家都忘了，我们打的双升别名就叫拖拉机，如果可以忽略这个名词，那这个词还有意义吗？如果庄家考虑到拖拉机的存在而先出了一对主 2，那么就会多跑 35 分，最终不会失败。在娱乐中我们不怕一失足，那么在重大比赛中呢？小概率不是没有概率，之所以举出这个牌例，就是希望大家引以为戒，不要被拖拉机毁了拖拉机。

后记

人生是一场永不停止的升级

“人生是一场永不停止的升级”，这句话是我写《纵横四海》时一个编辑拟定的副标题，后来没有用上，但我非常喜欢，因为它写出了人生的拼搏之路没有尽头，只要你肯迈开步伐，前面总有意想不到的柳暗花明。

在“功力”一节里，我提到过我的搭档也就是本书的另一个作者苏兮，是怎样超越自己成为个中高手的，除了刻苦以外，还有一个非常有意思的故事，我来讲给大家听。

我们结识于 2012 年 7 赛季的电视赛，也就是那个与冠军失之交臂的比赛。失去冠军对我来说是个灾难，得到亚军对苏兮来说却是个莫大的收获。到了年底，我取得全国锦标赛女双冠军，大家坐在一起吃饭聊天，苏兮对我说，他不想再打任何比赛了，因为以自己的水平看，成绩是奢侈品，无论怎么努力，也不可能和我并肩；再者，双升领域高手如云，没有人能永远做佼佼者。这两个观点立刻遭到了我的反驳，并以很多自认为是真理的道理说服了他。

K

如果说 2012 年我们属于搭档的磨合期，那么 2013 年就可以说是达到了统一期，其间除了理论上的学习以外，他用超强的毅力练就了功力，终于在第 6 赛季与我并肩于冠军的领奖台上。看到他一脸灿烂的笑容，我不由松了一口气，以为这个事实已经改变他的根本想法。谁知年底的时候，他在自己所在的所有 QQ 群、微博圈都发了退役声明。他是个认真的人，双升群体对我而言只是个民间组织，但对他而言却早已成为一个专业的机构。问及理由，原来这一年来他始终未改初心。一个冠军我认为是事实胜于雄辩，而他却认为所付出的努力恰恰证实了他所想过的艰辛。

在很多人眼里，搭档可能只是一时的玩伴，但对于视比赛高于一切的我来讲，搭档则是生活中不可或缺的一部分。在我不屈不挠的坚持下，苏兮再次坐在了赛台上，而面对他的只有努力、努力、再努力！2014 年是丰收的一年，有了两个赛季冠军、13 星连胜记录和一个年终总冠军的回报，而且我们还共同出版了属于自己理念的双升书籍《纵横四海》。手捧总冠军奖杯，我问苏兮：这一刻你觉得奢侈吗？他没有回答，只是微微一笑。其实我知道，他的笑容里除了欣慰，最多的应该是对成功背后酸甜苦辣的感慨，还有那么一丝一毫就是对我坚持不懈的无奈与无语。

由于“斗地主”这个扑克项目比“双升”更具有群众广泛性，所以从 2015 年开始，北京电视台的《节节高升》栏目改为《欢乐二打一》。很多双升选手摩拳擦掌，跃跃欲试，认为只要是扑克，牌理总是相通的，但是他们的成绩均不理想，更让人不服的是，女选手的牌力局限使得节目开播很长时都没有女子冠军。

没有挑战，就没有成绩！第一次参加《欢乐二打一》我取得四连胜，并成为第一个女冠军，由此使女选手和双选手都得以扬眉吐气。在比赛的同时还写成了《我是地主我怕谁》这本和“斗地主”项目相关的教学性书籍，写作期间，我调出了很多精英赛的录像，选择牌例，借阅不同优秀牌手的思路和出牌顺序，进行客观总结和说明。借用电视台主持人的一句话，就是用“上帝的视角”诠释身处不同位置对牌的控制和理解。这本书在同类书籍中有着不同的视角，或许能给读者带来一些启示。

除了参加各种比赛积累经验，曾经两本书的写作过程也很大程度上丰富了我的生活历程，使我小到对牌，大到对人生都有了更加深刻的理解和认识。于是，我再次提起笔，完成了这本《双升高手秘籍》。它渗透了我几年来点点滴滴的牌局人生，其内容不仅仅局限在牌张上，还将更多更新的观念与行牌联系起来并使之达到融会贯通。

以上都是我们比赛与写作过程中一些细碎的故事，讲给大家听不是为了标榜曾经的成绩和荣誉，而是想说，人生从来不是复杂的，相反却是简单的，简单到耕耘就会有收获，觉得复杂的人只是他们在关键时候收住了脚步。不要被疑似的山穷水尽所迷惑，不要在还没努力的时候就想“人生也许就这样了”，只有想明白“人生是一场永不停止的升级”，才能完成像高手的蜕变。

图书在版编目（CIP）数据

双升高手秘籍 / 韩珺，苏兮著. — 北京 : 北京日报出版社，2015.10

ISBN 978-7-5477-1839-1

Ⅰ. ①双… Ⅱ. ①韩… ②苏… Ⅲ. ①扑克－基本知识 Ⅳ. ① G892

中国版本图书馆 CIP 数据核字（2015）第 231767 号

双升高手秘籍

出版发行：北京日报出版社
地　　址：北京市东城区东单三条 8-16 号 东方广场东配楼四层
邮　　编：100005
电　　话：发行部：（010）65255876
总编室：（010）65252135-8043
印　　刷：廊坊飞腾印刷包装有限公司
经　　销：各地新华书店
版　　次：2015 年 10 月第 1 版
2015 年 10 月第 1 次印刷
开　　本：880 毫米 ×1230 毫米　1/32
印　　张：8
字　　数：153 千字
定　　价：29.80 元
